すぐ使える

特別支援サポート実物資料 12ヶ月丸ごとナビ

〜コーディネーターと担任がつくる子どもの未来〜

橋本信介・関口浩司 著

学芸みらい社
GAKUGEI MIRAISHA

まえがき

教師の世界でそれなりの仕事をしてみたい。

自分の持っている力を精一杯伸ばしてみたいとも思った。

地域で有名なドクターに会いに行き、話を聞くようになった。

いつしか、ドクターともに勉強会を開催するようになった。

療育センターにも足を運んだ。

保護者と子どもたち、指導者が共に同じ方向を目指しながらプログラムに臨む姿を目の当たりにし、自分はこれまでクラスで何をしてきたのかとガツンと頭を打たれた思いになった。

児童自立支援施設に出向いた。

失敗を極端に恐れ、言葉で自分の気持ちを伝えられない。

人との距離をうまく取ることができない子どもたちがそこにいた。

個々の対応が非常に難しいのは当たり前で、職員の方々の対応1つ1つとっても目から鱗の連続だった。

傷だらけの机、穴が空いている壁は、これまでの子どもたちの背景を物語っていた。

施設長の話を聞けば聞くほど子どもたちの壮絶な世界の一端を知った。

教育の無力さを感じたと同時に学校は、子どもたちにとって最後の砦だとも思った。


毎年ケース会議に、月に一度参加している。

お互いの認識のずれから起こる教員・学校批判からは何も生まれないことも学んだ。

困りや不満は、怒りとなり学校現場を包み込む。

教師と保護者は1つとなり当事者である子どものためにお互いが同じ方向を見ながら1つでも多くの支援方法を見出していく。

ＢＥＳＴよりもＢＥＴＴＥＲな方法がいくつもあってもよい。

方法が合わなければ、すぐに修正すればいい。


方法を考え見出すことが目的ではなく、手段であり当事者の子どもの変容・成長が一番の目的である。

特別支援コーディネーターは、まさに渦中の課題に対して即座に反応し対応しなければならない唯一無二の存在である。


「先生、学校に来たよ！」と手を振りながら教室に入って来る子。

「先生、勉強って楽しいね！」とふとした休み時間に、そばに寄ってくる子。

「先生、今ね、これを頑張ってるんだ！」と一番の笑顔で自慢の作品を見せてくれる子。


担任と子どもたちのお互いの笑顔をこそ、これから新しい子どもたちの未来を築いていくのだと思う。

「先生、皆さん、私達はチームですから大丈夫です。子どものために様々な方法を試していきましょう」とケース会議で出された何気ない保護者の一言は、忘れられない教師としての原点になっている。

橋本信介

目　次

Ⅱ章 特別支援の校内研修——あると助かる基本資料

Ⅲ章　特別支援の校内システム　―一目でわかる「毎月の仕事」スケジュール表＋6

Ⅳ章 コーディネーターの仕事って ―担任と共有する丸わかり通信

Ⅴ章 特別支援の基礎基本知識 ―すべての人に渡したい知的財産リスト

Ⅰ章

子どもの実態把握
―このアセスシートで診断と手立てを

1 年度はじめに行う特別支援コーディネーターの事前準備 子ども対応編

特別支援コーディネーターは、大切な児童と学校を支える唯一無二の存在です。

多くの学校では、児童対応・保護者対応が末期状態になってコーディネーターに案件が回ってきたり、低学年から起きてきたケースがより大きくなり解決できない状態で高学年に持ち越され、担任を誰にしようかと悩むケースもあると聞きます。

現場で職員が疲弊する原因はここにあります。

六年間の学校生活の中で、なぜ教師と保護者が敵と味方になってしまうのか。

この構造をつくり上げてしまったすべての原因は少なからずこれまでの学校体制に問題があると考えています。

「学校はチームです。チームでみんなで対応しましょう」という名ばかりの体制に問題があるのではないかということです。

まさに、そのチームの軸となるのが特別支援コーディネーターです。

コーディネーターは、学校に在籍するあらゆる児童のアセスメントを含め、担任とのケース会から保護者とのケース会などフレキシブルに動かなければいけません。そのためには、すべての情報がコーディネーターの手元に届く必要があります。職員が時間をかけずに要配慮児童をサポートできるシートが学校現場には必要です。

授業やケース会議で実際に、現場で活用しているシートを紹介します。

取扱注意　2019年度　支援　クラスシート

６の４	課題の所在							これまでの手立て		
児童名	学習面	生活面	行動面	対人関係	家庭環境	不登校	本人の様子	クラス・学年	校内外の連携	今後の対応 支援委の担当者名
支援　太郎	○	○	○	○	○		授業中、自分から動くことが少ない。理由としては、学習内容の理解の困難さ、集中力の困難さ、話を聞くことの困難さが考えられる。	・算数ボランティアに入ってもらい、声かけをしてもらう。 ・担任が声をかける。 ・学校が安心基地になるように、色々な場面で色々な友だちと交流する機会をつくる。 ・放課後や配膳中の学習支援。	ケース会議 算数ボランティア	・引き続き、自己肯定感を高めるような声かけ、支援をとっていく。 ・できることが増えていることが自分で分かるように声かけする。

取扱注意　2019年度　支援　クラスシート

児童名	課題の所在						本人の様子	これまでの手立て		今後の対応 支援委の担当者名
	学習面	生活面	行動面	対人関係	家庭環境	不登校		クラス・学年	校内外の連携	

2 特別支援コーディネーターが年度はじめに行う事前準備 校内システム編

システムがあると職員間の動きが格段に変化します。実際にシステムには、次のようなものがあります。

(1) 学年・学校全職員が授業を見合う機会が週に一度保証されているか。
(2) 職員一人ひとりの困り感を共有できるツールがあるか。
(3) 低学年の段階で、クラスを挙げて要配慮児童を含めアセスメントできる時間が確保できているか。
(4) 保護者と良好な信頼関係を築き上げるために、学校の指針を含め担任・保護者双方をフォローできる体制づくりが確立されているか。
(5) 特別支援コーディネーターは、各クラスの授業を参観し解説ができるか。

これらが、一つ一つが機能していればチーム学校として若手教師もチームの一員として活躍できる学校です。

右記の五つの条件のうち一つでもいいのです。学校職員一人ひとりが当事者意識をもちながらお互いに話し合える場が必要です。そのためにも、すべての先生方の知見が必要ですし、先生方がもっている対応や経験を共有する＝コーディネートできる特別支援コーディネーターが必要です。

教師間コーディネートをはじめ、トラブルに応じた保護者対応こそ、早期発見、早期対応が重要です。その都度対応に追われ、意味もなく長時間続くケース会議はそろそろ終わりにしましょう。

3 年間を見通す特別支援コーディネーターの毎月の仕事スケジュールの立て方（実物資料：年間の仕事スケジュール）

■3月

新学期に向けてのコーディネーターの仕事は始まっている。この時点で全校の配慮児童への資料に目を通し、これまでの経緯を把握しましょう。

同時に、4月からの具体的な方針・対応が出ていなければならない。4月学級開きと同時に、蓋を開けてみたら大変だった、毎日の対応が難しく後手後手になってしまい、担任や学校が放課後も保護者や児童への対応に追われ疲弊していくことはよくあるケースの一つです。

要配慮児童の新担任の確認。

保護者との3月末の時点での面談及び今後の方針決定などをコーディネートします。

そのためには、これまでの引継ぎ文書を担任と目を通し項目ごとにまとめる作業が必要です。できれば、管理職の決裁を受け3月中に担任が該当児童の保護者と面談もしくは、家庭訪問、電話連絡などといった手段を考え最大限の対応を考えましょう。

次につながる布石を打っていくことが、保護者の信頼の獲得・児童の自尊心向上にもつながっています。

■4月

コーディネーターは、授業参観し教師の授業行為と児童の行動をあらゆる視点を主に解説できなければなりません。

子どもへの対応・児童への対応・保護者への対応を含め組織としての動き、これらを関連付け、全体としての動きをつくっていくのが仕事です。

通常級の担任は兼任することが難しいでしょう。自身のクラスを見ながら学校全体のクラスを見て回ることは、物理的に難しく授業参観できる時間を組織として確保できる体制もつくらなければなりません。

よって、養護教諭・専科・低学年担任等がコーディネーターになることが望ましいと考えます。

学校によっては、コーディネーターが、特別支援通信を発行し、4月であれば学級開きのポイントや子どもとの信頼関係づくりをテーマに各職員に知らせています。

各クラスの授業参観後とともに、要配慮児童への教師の関わりをはじめ、話し合いを含めた担任へのフィードバックは数分でもいいので行う必要があります。授業で良かった点や修正しなければならない点などをお互い言い合える関係づくりも後のケース会議の布石となります。コーディネーターは、様々なケースを自身の想いで語ってはいけません。

コーディネーターこそ、子どもの事実から出発し目の前の具体的な行動から次の具体的な対応を語らなければなりません。

■5月

学校生活が、一ヶ月たつと各クラスに様々な変化が見られます。

クラスは、規律が生まれ児童たち自身で運営できるようになります。教師が意図的・計画的にしかけなければそのようなクラスは出来上がりません。

あるクラスは、自由と自立を履き違えた教師の権威が落ち始め指示が通らなくなり、児童から教師の行動や考えを試すような多くの言動が現れはじめます。

一つ一つの行為に、教師はうろたえこれまで行ってきた自分自身の対応がそれでよかったのかと不安になってくる時期が5月です。

コーディネーターは、事前に布石として打っておいた配慮児童もしくは、その保護者へのコンタクトを考えはじめたほうがよいでしょう。

ケースの事例に合わせて、柔軟にスピード感をもって対応していくことが保護者の信頼を獲得することにつながり担任とともに課題を乗り越えていく一助となります。

そのための支援シートを活用しながら、担任と児童・保護者の困り感の溝を埋めていくことも大切なコーディネーターの役割であると考えます。

■6月

運動会や社会見学などこの時期は、学年で動くことが数多くあります。

これまで担任が抱えていた学級の事情を踏まえ、学年会で共通理解している部分の多くは、やはり学級そのものを見てみないとわからないことも多々あります。学年で荒れているクラスを見ていくことも大切な体制づくりです。

コーディネーターを中心に学年会で交換授業をしながら気になる子への対応を学年で考えてもよいでしょう。

そこで話題にしたいのが教師の子どもへの対応です。子どもへの話し方。子どもへの指示。子どもへの授業など、TOSS技量検定には、次のような項目があります。

授業の始まり（15秒）のつかみ
子どもへの目線
あたたかな表情、対応
明確な発問、指示
心地よいリズム

教師の授業をこの5項目でチェックしていくと、授業に変化が見えはじめます。特に変化していくのは、目線と表情です。この二つを意識し授業していくだけでも大きな手応えを感じることができます。

■7月

夏休みも目の前です。

これまでの問題行動に担任が後手後手で対応していたら変えなければいけないことがあります。

3月から4月の間に、布石として打ってきた面談やケース会議の見直しです。

見直しには、これまでの教師の対応によってどのような結果が生まれたのか。

学年では、どのような対応ができたのか。

物理的に対応可能・不可能な部分を洗い出していくとより現実的な話し合いとなります。そもそも、学校にも限界があります。現状を踏まえ学校や家庭ができることを考えながら、保護者の主訴を踏まえ考えていきます。主訴の再確認こそコーディネーターの腕の見せどころです。

そのためには、面談やケース会で決定された長期目標と短期目標の再点検も必要です。同時に関係機関への要請も会議の話の流れ次第では提案してもよいでしょう。

医療と連携なのか、ことばの教室や心理士の活用なのか。

夏休みを利用して、保護者と児童が利用しやすい体制やサポートシステムをつくることが重要です。

チームとして動くためにはチームの共通の目標がなければなりません。

飾りの目標でなく、達成可能な目標の設定こそチームが動く原動力となります。

■8月

長期休業は、研修、事務関係の仕事など教師の仕事は多岐にわたります。

その間、コーディネーターは少しでも時間をつくり、関係機関の見学をしたり所属校の児童の経過をまとめたりしておくことです。

後期・2学期はじめに児童が良好なスタートダッシュを切るためにもコーディネーターとして下準備はしておくべきです。

例えば、担任による事前の家庭訪問や電話連絡の確認をしたり、それらの行為についてどのような効果が見られたりしたのか。過去の経験談をもとに、話したりまとめた資料をもとに全職員に知らせたりしてもよいでしょう。

すぐには、すべての職員の意識は変わらないかもしれませんが、コーディネーターとしての立場を活用し、支援教育の理解を得ていくことや学校の支援体制の強化につながる重要な一手だと考えています。

配慮児童がいるクラスの担任とは、この夏休みを使って話ができるときにこれまでの苦労やこれからの展開などをさりげなく会話の中で聞き取り、参考文献やＨＰを紹介したりしてもよいかもしれません。

担任や保護者の困り感を優先に考えて会議を構築することもよいのですが、目の前の児童の困り感、主訴がわかり変化していく姿こそ、保護者を変化させる唯一のサポートになります。

■９月

新学期のスタートは、これまでの準備に支えられています。

７月・８月中のケース会議、関係機関との連携、教材の準備や職員の連絡体制などを児童の行動をもとに教師の対応が後手・後手にならないように担任を中心として体制を確認しておく必要があります。

電話でもよいし、できれば面談でもよいのですが再度、保護者の主訴や児童の状態を学校側と共通理解しておきましょう。

主訴がぶれてしまうと、これまで学校が行っていることや行ってきたことが無になってしまう可能性があります。

９月は、運動会や遠足といった行事も数多く開催されます。

行事をはじめ日々の授業は、すべての児童にとって成功体験の場としましょう。楽しかった、うまくいったという思いは、特に配慮を要する児童にとって次のステップに向かうエネルギーとなり、自ら目の前の課題を乗り越える先行事例にもなります。

９月になると、来年度に向けての話も少しずつケース会議の場で出していく必要があります。保護者や児童にとっても、見通しをもたせながら今後に向けて意図的、計画的に話を進めることは最も重要なことです。保護者と教師がともに、児童の未来を考え何ができるのか、どのようなサポートが最適なのかを見出していくことがチームとしての原動力になっていきます。

■10月

２週に一度は、各クラスの授業を参観するために時間をつくりましょう。

授業を見るからこそわかることが数多くあります。10月になると、子どもと教師の関係が良好かどうか少なからず判断することができます。この時期になって学級が停滞していたり、子どもたちに指示が入りにくいといった傾向が見られる場合は、１学期意識して行っていたことがマンネリ化している場合も考えられます。

参観するからには、前述で示した五つの視点があるが、その他にも次のような視点をこの時期から職員に示していったほうがよいでしょう。

（１）子どもの活動量は、一時間の授業で適切に確保しているか？
（２）教師の褒め言葉は、褒め言葉になっているのか？　褒めたつもりになっていないか？

（3）指示や発問の後に、確認しているか？　やらせっぱなしになっていないか？
（4）真面目な子を見逃していないか？
（5）個別指名を状況に応じて使い分けているか？

これらは、授業を支える一部の教師の対応にすぎません。しかし、子どもたちは教師の些細な言動を見取りながら駆け引きをしかけてきます。教師が授業でつくる子どもとの信頼関係こそ学級を支える根幹になっています。

■11月

例えば、ある学校では、毎月、支援委員会で配慮児童の実態把握用紙の提出を要請されます。月に一度の提出ですが、作成するだけでも大変な作業になります。その他にも、ある学校では、医療と連携している該当児童の観察記録を毎日担任は作成しています。

記録をつけていくのは、とても大切なことですが、記録している担任は、作成したレポートがどのように、何のために活用されているのかおそらく詳細までは知りません。

作成に一時間以上かかったレポートは、三分～五分程度の連絡で済まされるという事実も聞いたことがあります。

担任が主観で記録していくことは、大切なこともかもしれませんが読み手が必要な情報が含まれないときもあります。

具体的に、時・場所・その行動をとった原因、行動の結果どのような症状が見られたのかを明記することもケース会議を進めていくうえで重要なことです。

これらの内容をカテゴリー別に整理し記録された資料一枚一枚の情報が布石となり、具体的な支援方法を構築できるツールになります。

ただ、資料はあくまでも情報の一部にしかすぎません。資料作成が目的ではなく作成後に何ができるのかを具体的に提案していくことがコーディネーターとしての仕事でもあります。

■12月

学期末、あともう少しでクラスも解散となります。

ケースの程度にもよりますが、月に一度のケース会の開催や臨時のやりとりも含め、これまで行ってきた会議の経過を含めこれからの展望などをまとめる時期になります。

保護者の主訴が中心となり進めていくことになりますが、保護者の意向と学校側の意図にずれが生じるケースも少なくありません。

このずれをどのように埋めていくのか、コーディネーターの腕の見せどころです。

日々の授業参観や担任と児童との関係をもとに、児童の困り感や児童の本音を普段からどのように聞き取ることができるのかがポイントです。

「甘えている！」「我慢させないといけない！」という見方からは何も生まれません。

「保護者は児童にどうなってほしいのか？」「児童は、どう思っているのか？」を軸に担任・学年の職員、管理職をコーディネートしながら進めてきた会議は、時間だけ経過するケース会議よりもそれぞれが、前を向きながら進んでいく本当の意味でもチームとして機能していきます。

12月は、これまでの対応で何がよくて、何が悪かったのか？　会議参加者で整理していく時期でもあります。

■1月

長期休業明け前日・初日には、必ず電話連絡かもしくは家庭訪問を考えてもよいでしょう。ケースの程度にもよりますが、このような意識が職員間で共有されると早期対応・早期発見というシステムが構築されます。

コーディネーターは、連絡の意図や話す内容など職員と共通理解しておきましょう。不安なことはないか？　学校生活で気になることや興味があることなどを聞き出しておくことも可能ならばやっておいたほうがよいです。

連絡で一番伝えなければいけないのは、児童の活躍です。具体的にエピソードを添えて伝えるとよいでしょう。

学校からの電話連絡は、いつも苦情や指導といったことを受けてきた保護者かもしれません。電話が鳴る度に、不安で心配な気持ちになると相談された保護者も多いのではないでしょうか。教師には、児童を支えると同時に、保護者との信頼関係構築も求められます。そのための面談や訪問ですが、面談や訪問が目的になっている教師もいます。

面談や訪問によって何が変化するのか？　教師は限られた時間でどのような対応が求められるのかを年度初めにコーディネーターの立場から各職員に周知しておくと教師と保護者の信頼関係構築のための一助となります。

1月、学期はじめだからこそ、これまで行ってきた当たり前の行動や活動を再点検・再確認することは必須です。

■2月

まとめの時期です。

成績付けや六年生とのお別れ会と怒涛の2月が過ぎていく前に、各担任が支援委員会に提出した資料をもとにケース会議の次年度に向けての資料を作成しておきましょう。

主訴の確認をはじめこれまでの課題が一年間解決できたのか、できなかったのかという点まで検討しましょう。

例えば、教室での不適応行動がなぜ引き起こされているのか？　原因の究明とともに学校側の具体的な手立てが有効だったのかどうかも考えることも必要なことです。

その他にも、家庭環境も原因の一つに考えられる場合もあります。家庭の方針までは、学校は関与できず限られた資源をもとに学校では対応するしかありませんが、この一年行われてきた各問題に対する会議は、子どもの支援会議という大きな一つの課題の他に、学校の限界を確認する会議にもなっています。医療・福祉・行政と連携を取りながらお互いの強みを活かし補完していくシステムが、教育現場では必要です。

2月になると、これまで行ってきた会議の蓄積が今後開かれる会議に大きなエネルギーを与えます。

ただ時間だけが過ぎ、担任が疲弊してしまうケース会議とおさらばするためにもコーディネーターが枠組み＝支援システムをつくり稼働させていくことが児童にとっての唯一のサポートになっていきます。

■3月

現場では、卒業・進級に向けて3月は、多くの資料の作成が求められます。

その一つが引継ぎ資料です。

支援会議に提出される場合、次のいくつかの項目について各担任が判断し該当者の支援計画を作成することになっています。それが、引継ぎシートになるわけですが、4月に資料を確認して終わってしまうケースも多く見かけます。

項目のチェック機能がないまま進められているので担任の主観が入ってしまい分析がぼやけてしまうことも考えられます。

何よりも大切なことは、現状維持ではなくこれまでの内容を精査しながら支援シートの改善と教師力の向上、関係機関との連携の見直しなど工夫できることはたくさんあります。

3月だからこそ、これまでの足跡を見直し、提案し進めることは、コーディネーターしかできない仕事です。

現代社会は、刻々と変化し家庭環境にも大きな影響を与えています。

学校支援システムの見直しの提案、支援教育を軸とした教師力の向上は必須の課題となっています。

子どもへの対応、職員会議での提案、面談の記録、組織づくりなどコーディネーターの仕事には、独創性が求められると同時に、多くの人たちを幸せにできる学校には欠かせないポジションであることはいうまでもありません。

4 実態把握したら次は対応の計画を。つくりっぱなしで終わらない！支援計画の作成と運用の実際（実物資料：支援計画表の雛形と見本）

ケース会議を開くと必ず次のようなことが起こります。

①コーディネーターがじっくりと話を聞いてくれましたが、具体的な方策が出されず時間だけが過ぎていました。
②ケース会議を開きましたが、一部教師の発言だけで会議が終わってしまい、一人で対策を考えることになりました。
③ケース会議で意見を出し合い共通理解を得ていたのですが、翌年担任が変わるとすべて元に戻ってしまいクラスも大変になってしまいました。
④新しい支援を見出すために、管理職・学年の先生・ケースによっては前年度の担任にも参加してもらいました。
⑤様々な意見＝具体的な方策を状況によって使い分けることが難しく当初は、会議に時間がかかるときもありましたが、ケースによってはスピード感をもって会議を進めることができました。

これらのケースは、一体何がポイントだったのでしょうか？

すべては、ケースシートが鍵を握ります。

対象児童についての必要な項目がないために、必要な情報も書かれず、重要なことは会議で議論されない、そのような状況を打破するためのシートを提案します。

ケース会議資料　小学校　年　組　名前

生育歴（幼稚園・保育園当時の友達とのトラブルや引き継ぎ時の内容の詳細をお書きください。）

主訴（保護者との合意形成が取れたものを掲載してください）

行動チェック！きっかけ → 起きた行動 → 結果（何が起こったのか？子どもは何を得たのか？）

行動チェック！きっかけ → 起きた行動 → 結果（何が起こったのか？子どもは何を得たのか？）

学習面：気になっていることについて対応したことをエピソードでお書きください。

生活面：気になっていることについて対応したことをエピソードでお書きください。

子どもの良さは？

子どもの苦手なところは？

これまで行ってきた対応策で有効なものは？

シートに記入時の注意事項

（1）みんなで共有できるように平易な言葉で短く、簡潔に書きましょう　※行動を客観的に分析できるためです。状況を冷静に捉えます

（2）誰でも再現できるために、読めばわかり実行できるように書きましょう　※状況がわかりにくい表現をできるだけ避け、読めば実行できるものにしましょう

（3）抽象的な感情を表現する言葉を避ける　※冷静に物事を分析するためにも、主観的な言葉（わがまま・こだわり・反抗的・我慢不足）などの表現は避けましょう

（4）行動をできるだけ具体的に書きましょう　※回数や場所、時間なども記入するとより具体的になり行動の結果何が起こったのかを考えましょう

（5）共に取り組む行動を1つに絞り、成果を必ず確かめましょう　※会議の最後には、必ず全体で取り組むことを1つに絞り成果を振り返るサイクルを作りましょう

ケース会議資料　支援小学校　5年　○組　名前支援　太郎

生育歴（幼稚園・保育園当時の友達とのトラブルや引き継ぎ時の内容の詳細をお書きください。）

○落ち着きがない。
○休み時間によく友達とけんかをしていた。

主訴（保護者との合意形成が取れたものを掲載してください）

○　宿題の字が雑でも書き直させない。
○　1日1回「ありがとう」を言うように心がける。

行動チェック！きっかけ	起きた行動	結果（何が起こったのか？子どもは何を得たのか？）
算数の時間に問題を解いているとき、友達に間違いを指摘される。	友達をひっかく。	周りの友達から止めれられ、より興奮状態になる。
校庭に落ちていた他のクラスのボールを自主的に届け、他教師からほめられる。	掃除の時間自主的にゴミ袋を持っていく。 教室の隅まで掃除する。	ほめられ、もっとほめられたいと考えた。

学習面	気になっていることについて対応したことをエピソードでお書きください。 ○算数の問題を解く前に、よく「どうせできない」などのマイナス言葉を言うことが多い。
生活面	気になっていることについて対応したことをエピソードでお書きください。 ○休み時間や掃除の時間に「それ違うよ」と言われると、きれることが多い。

子どもの良さは？	子どもの苦手なところは？	これまで行ってきた対応策で有効なものは？
○　算数の計算が得意。 ○　運動が得意。 ○　お手伝いが好き。	○　友達に指摘されるときれる。 ○　ものがあると触ってしまい話に集中できない。 ○　言葉が強い。 ○　字が雑。	○　△△くんと席を離す。 ○　給食の時間に1対1の話を聞く。 ○　自分で目標を決め、教師が毎週確認する。 ○　褒める。

シートに記入時の注意事項

（1）みんなで共有できるように平易な言葉で短く、簡潔に書きましょう　※行動を客観的に分析できるためです。状況を冷静に捉えます
（2）誰でも再現できるために、読めばわかり実行できるように書きましょう　※状況がわかりにくい表現をできるだけ避け、読めば実行できるものにしましょう
（3）抽象的な感情を表現する言葉を避ける　※冷静に物事を分析するためにも、主観的な言葉（わがまま・こだわり・反抗的・我慢不足）などの表現は避けましょう
（4）行動をできるだけ具体的に書きましょう　※回数や場所、時間なども記入するとより具体的になり行動の結果何が起こったのかを考えましょう
（5）共に取り組む行動を1つに絞り、成果を必ず確かめましょう　※会議の最後には、必ず全体で取り組むことを1つに絞り成果を振り返るサイクルを作りましょう

5 発達障害アセスメントチェックシート

「発達障害かもしれない」そう思っても教師は医療機関ではないので診断はできません。

校内で児童支援専任や管理職、特別支援コーディネーターに相談したり、学校カウンセラーや医療機関につなげたりするときには客観的な情報が欲しいものです。主たる指導者（担任）が、どのような視点をもって、児童・生徒をアセスメントすればよいのかを示し、共通理解する必要があります。発達障害について、よく学んでいる先生もいれば、そうでない先生もいるからです。また、中途半端な知識をもって、担任が独自に判断をして、「○○さん（児童）は、発達障害です」と保護者に突然伝えてしまい、トラブルにつながるケースもあります。

対象児童・生徒の状況を事前にアセスメントし、より適切な指導・助言を受けるために、「発達障害アセスメントチェックシート」を作成しました。ただ、項目ごとにチェックをするだけでは、根拠に乏しいので、具体的なエピソードを記入する欄を設けてあります。

なお、チェックシートの結果は、指導者が児童・生徒の理解を深め、対象児童・生徒にとってより望ましい教育の在り方を検討するために活用することを目的にしています。シートの結果をもって、発達障害を判断・診断することができるわけではありません。予めご了承ください。

発達障害アセスメントチェックシート

学　習　面

項	内容	チェック欄	エピソード
聞く	集団の中で、言葉の指示や注意の理解が難しい		
	聞いたことをすぐに忘れてしまう		
	話を聞くときの注意の集中・持続時間が短い		
話す	思いつくままに話すなど、筋道の通った話をするのが難しい		
	一つの話題に固執する		
	全体の場面での発言・発表が難しい		
読む	一字一字は読めるが拾い読みである		
	文節を区切って読めない		
	文中の語句や行を抜かしたり、または繰り返し読んだりする		
	音読が遅い		
	勝手読みがある(「いきました」を「いました」と読む)		
	文章のあらすじや要点のだいたいを読みとることが難しい		
書く	鏡文字が多い		
	枠やマスの中に文字が書けずにはみ出す		
	黒板や教科書の文字を写すのに時間がかかる		
	話したことや伝えたいことを文章で書くのが苦手である		
	感想を思いついて書くことが苦手である		
数	数字の「3」と量の「3個」などを対応させて理解することができない		
	簡単な計算が暗算でできない		
	くり上がりのあるたし算ができない		
	くり下がりのあるひき算ができない		
	九九の暗唱や、九九を使った計算ができない（2年生以上）		
	学年相応の文章題を読んで立式することができない		
図形	おおよその形を視写することができない		
	学年相応の図形を描くことが難しい(丸やひし形などの図形の模写。見取り図や展開図)		
	定規やコンパスを使うことが難しい（2年生以上）		
粗大運動	スキップができない		
	リズムに合わせて体を動かすことが苦手である		
	体の使い方が極端に上手でない		
微細運動	紙の端をそろえて折ることができない		
	はさみで線に沿って切ることができない		
	閉じた○や△、□が描けない		

社会性　「不注意」「多動性・衝動性」

項	内容	チェック欄	エピソード
不注意	課題や遊びの活動で注意を集中し続けることが難しい		
	指示に従えず、また仕事を最後までやり遂げない		
	集中して努力を続けなければならない課題(学校の勉強や宿題など)を避ける		
	気が散りやすい		
	日々の活動で忘れっぽい		
	手足をそわそわ動かしたり、着席していても、もじもじしたりする		
多動性・衝動性	授業中や座っているべき時に席を離れてしまう		
	気に入らないことがあると乱暴な行動をとる		
	勝敗がつく内容で負けることの受容ができない		
	過度にしゃべる		
	質問が終わらない内に出し抜けに答えてしまう		
	順番を待つのが難しい		
	他の人がしていることをさえぎったり、じゃましたりする		

対人関係・想像力

内容	チェック欄	エピソード
大人びている。ませている		
含みのある言葉や嫌みを言われても分からず、言葉通りに受けとめてしまうことがある		
会話の仕方が形式的であり、抑揚なく話したり、間合いが取れなかったりすることがある		
とても得意なことがある一方で、極端に不得手なものがある		
いろいろな事を話すが、その時の場面や相手の感情や立場を理解しない		
共感性が乏しい		
周りの人が困惑するようなことも、配慮しないで言ってしまう		
人のいやがることを言ったりしたりする		
友達と仲良くしたいという気持ちはあるけれど、友達関係をうまく築けない		
友達のそばにはいるが、一人で遊んでいる		
ルールが理解できなくて遊べない		
偏食が見られる		
ある行動や考えに強くこだわることによって、簡単な日常の活動ができなくなることがある		
自分なりの独特な日課や手順があり、変更や変化を嫌がる		
特定の物に執着がある		

《参考文献》
文部科学省「児童生徒理解に関するチェック・リスト」(平成14年度)
国立特別支援教育総合研究所　発達障害教育推進センター「子どもの実態把握のためのチェックリスト」

6 普段の行動記録！そうすることで今後の手立てが立てることができる

人間は損な生き物と聞いたことがあります。

うまくできたことよりも、失敗したことの方が強く覚えている。

また、普通にできていることは褒められないのに、ちょっとでも失敗したら注意されてしまう。

教員の中にもできないところばかりに目が行きがちな方がいます。

児童が「何ができて」「何ができないのか」それらを知ることで今後の声かけが変わり、手立ても変わってきます。

そのためには、児童の行動を記録することが有効です。

行動の記録方法は色々ありますが、今回のシートは何ができて、何ができないのかを把握し、望ましい行動を強化し、望ましくない行動を弱化することを目的としています。

何を目的にするかによって記録するものは変わってきます。

自分たちで何を目的にするか考えて、記録していくとよいでしょう。

《参考文献》
「アスペハート vol. 45」特定営利活動法人アスペ・エルデの会

行動記録

日時	種類	場面	行動	備考
9．25 10：30	＋（○） －	授・休（○）・その他 （　　　）	休み時間友達になわとびを貸す	
11：15	＋（○） －	授（○）・休・その他 （　　　）	社会の時間、集中して新聞を書く	周りも静か
11：50	＋ －（○）	授（○）・休・その他 （　　　）	国語の時間、友達にノートの書き方を注意されてパニック	クールダウン10分して落ち着く
13：10	＋ －（○）	授・休・その他（○） （　掃除　）	友達の分まで机をさげる	
	＋ －	授・休・その他 （　　　）		
	＋ －	授・休・その他 （　　　）		
	＋ －	授・休・その他 （　　　）		
	＋ －	授・休・その他 （　　　）		
	＋ －	授・休・その他 （　　　）		
	＋ －	授・休・その他 （　　　）		
	＋ －	授・休・その他 （　　　）		
	＋ －	授・休・その他 （　　　）		
	＋ －	授・休・その他 （　　　）		
	＋ －	授・休・その他 （　　　）		
	＋ －	授・休・その他 （　　　）		

行動記録

日時	種類	場面	行動	備考
	+ −	授・休・その他 (　　　　　)		
	+ −	授・休・その他 (　　　　　)		
	+ −	授・休・その他 (　　　　　)		
	+ −	授・休・その他 (　　　　　)		
	+ −	授・休・その他 (　　　　　)		
	+ −	授・休・その他 (　　　　　)		
	+ −	授・休・その他 (　　　　　)		
	+ −	授・休・その他 (　　　　　)		
	+ −	授・休・その他 (　　　　　)		
	+ −	授・休・その他 (　　　　　)		
	+ −	授・休・その他 (　　　　　)		
	+ −	授・休・その他 (　　　　　)		
	+ −	授・休・その他 (　　　　　)		
	+ −	授・休・その他 (　　　　　)		
	+ −	授・休・その他 (　　　　　)		

7 いつ問題行動をしているのかを把握することで手立てを考えることができる

問題行動は色々な場面で生じます。

しかし、よく観察してみると、一部の時間帯に問題行動が集中していることがあります。

それは脳内物質など様々な要因が考えられます。

そのような時間帯を教員が把握することで、心の準備ができ、環境も調節することが可能です。

行動が起きている時間帯を視覚的に確認するのに特化している記録法に『スキャッタープロット』があります。

《資料のポイント》
①子どもの気になる行動（記述する活動）は四つより少なくても多くても大丈夫です。
②時間は必ずしも30分ごとなど等分する必要はありません。
③気になる時間があるならば、より細かく時間分け記録する必要があります。
④活動内容は必ずしも記載する必要はありません。

《参考文献》
「アスペハートvol. 45」特定営利活動法人アスペ・エルデの会

スキャッタープロット

記録する活動　①泣く　②離脱　③人に当たる　④物に当たる

時間	活動内容	１０月１日（月）	１０月２日（火）	１０月３日（水）	１０月４日（木）	１０月５日（金）
９：００	授業					
９：３０	授業	①	③④		②	①
１０：００	授業					
１０：３０	休み時間		③			
１１：００	授業					
１１：３０	授業					
１２：００	授業	①	①	①		①
１２：３０	給食			④		
１３：００	掃除					
１３：３０	休み時間		③④		③	
１４：００	授業					
１４：３０	授業					
１５：００	授業	②		②		②
１５：３０	下校					

スキャッタープロット

記録する活動　①　②　③　④

時間	活動内容	月　日 （月）	月　日 （火）	月　日 （水）	月　日 （木）	月　日 （金）
9：00						
9：30						
10：00						
10：30						
11：00						
11：30						
12：00						
12：30						
13：00						
13：30						
14：00						
14：30						
15：00						
15：30						

～特別支援コラム～　No.１

要配慮児童の引き継ぎが、担任によってバラバラということもある。その結果、担任が変わるたびに、会議で報告される児童が異なる状況におかれる事態が生まれている。学校が一致団結して進むためにも、学校システムとしての１つの軸が必要になってくる。以下、試案である。

○○小学校の支援委員会　要配慮児童　基準案

（１）　学習面又は行動面で著しい困難を示す
（２）「聞く」又は「話す」に著しい困難を示す
（３）「読む」又は「書く」に著しい困難を示す（※低学年市販テスト６０点以下）
（４）「計算する」又は「推論する」に著しい困難を示す（※低学年市販テスト６０点以下）

上記４点をもとに具体的な子どもの現状を考えると次のような具体場面が考えられる。

＜学習面＞

・聞き間違いがある（「知った」を「行った」と聞き違える）、聞きもらしがある
・単語を羅列したり、短い文で内容的に乏しい話をする
・文中の語句や行を抜かしたり、または繰り返し読んだりする、音読が遅い
・読みにくい字を書く（字の形や大きさが整っていない。まっすぐに書けない）
・独特の筆順で書く、漢字の細かい部分を書き間違える
・学年相応の数の意味や表し方についての理解が難しい（三千四十七を３０００４７や３４７と書く。分母の大きい方が分数の値として大きいと思っている）
・学年相応の図形を描くことが難しい（丸やひし形などの図形の模写。見取り図や展開図）

【参考資料】

「通常の学級に在籍する発達障害の可能性のある特別な教育的支援を必要とする児童生徒に関する調査」

Ⅱ章

特別支援の校内研修
―あると助かる基本資料

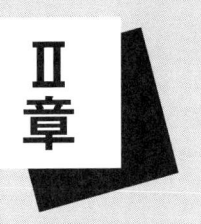

1 教員のための特別支援通信

（1）通信を出す目的

①通信には、教師の個々の知見を広げるためと学級経営の一助になってほしいと願いをこめています。

学級経営が上手くいかない、
児童との信頼関係を築くことができない。

いまや、どの学年の担任でも起こりえる悩みの種の一つになっています。

授業で信頼関係をつくることもわかっている、教材研究も学校に夜遅くまで残っている。日々、努力しているのに児童が変化しない、クラスが変化しないのです。

そのような日々悩んでいる教師を救うのもコーディネーターの仕事でもあります。担任との面談や授業参観も効果があるかもしれませんが、私自身、担任をもちながらコーディネーターを兼務するという限りある時間の中で、学校の課題や問題を全職員へ情報提供をしていくことも仕事の一つだと考えています。

コーディネーターは、この通信を活用しながら自身の考えはもとより、学校の支援体制をつくるために何が必要なのか、誰がどのように考えているのかを通信を通して広めていくことができるのです。

②次年度への引継ぎ資料として

昨今、コーディネーターがケース会議にこれまで参加する機会が増えています。一週間に、五個以上となると一ヶ月で20ケース行っている計算になる。1ケースにかける時間は、少なくとも1時間以上になります。

膨大な時間を実りある時間にするためにも、ケースで出された全体で共有したい内容は、通信で発信するようにしています。いわば、それらが、同時に引継ぎの資料になっていくのはいうまでもありません。

コーディネーターは全体のサポート役であるとともに通信により、これから起こり得る問題に対して布石を打つことができます。

しかし、通信を出しても読まない職員もいます。それゆえに、発信の工夫が必須です。

(2) 発信の工夫

①お説教じみない（上から目線ではなく、ともに課題に対して考えるスタンスをつくる）。
②文字量を調整し紙面レイアウトを読みやすく変化させる。
③現在進行系の問題を取り上げ、エピソードで報告する。
④発信する担当は、コーディネーターだけではなく各職員の強みを活かすための紙面構成とする。

毎日慌ただしく過ぎていく中で、教員の目に止まるためには発信者の工夫が必要です。びっしりとした文量でも日々の忙しさに負けてしまい読まない教師もいます。端的に、何がポイントなのか？　イラストや手書きを利用しながら空白を上手く利用することも通信にアクセントをつけ読み手を引きつける手立てにつながります。

例えば、新採教師の困り感やこれまでの記録を通信に掲載することを条件に指導教官からの視点を書いてもらうようにお願いしておきます。何気ないことかもしれませんが、通信が課題に対しての共有・共感ができる唯一のツールにもなり全職員の重要な財産ともなります。

運動会や遠足、宿泊学習、修学旅行など時期ごとに学級経営の方法や児童対応などを共有しておきたいことは通信で発信していきます。読み手がほしい内容はより明日に活用でき、日々の現場の悩みに対応できることに尽きます。

学年会で、そのような問題は解決できます。特にそのような通信は必要ないという方もいるでしょう。

今、働き方改革が叫ばれている中で、全職員の意識を高めることができるツールを生み出していくこともコーディネーターに求められている仕事だと感じています。

コーディネーターの仕事は、職員をコーディネートすることが一番重要かもしれません。児童と関係機関、保護者、担任をコーディネートしながら問題の解決に向かうことは最終目標でもあるが同時に、職員間のコーディネートも必須事項であると考えています。担任をはじめ学年、管理職の理解があるからこそコーディネーターが進めている企画や計画も意図的に成し遂げられます。

コーディネーターの仕事は、布石の連続であり通信もその布石にすぎません。

特別支援通信～共に生きる～13

12．7（金）

橋本　信介

1．自己肯定感を高めるコミュニケーション②

1．スキンシップ
・抱っこする　・毎日必ずぎゅっとする　・手を握る　・一緒にお風呂に入る
2．ご飯を楽しむ
・一緒に作る　・一緒に食べる　・感想を言い合う
3．一緒に遊ぶ
・体を動かす　・絵本を一緒に読む　・お話を読み聞かせる
4．辛いことを共感してあげる
・泣いたらよしよしする　・話を聞いて「そうだね」と安心させる
・気持ちを汲んで言葉にしてあげる　・抱っこして安心させる
5．ほめる
・自慢を聞いてあげる　・頑張ったことを認める　・大切な存在であることを常に伝える
6．気持ちを言葉で伝える
・親はこどもの味方　・うちの子どもが一番かわいい　・いるだけでとっても幸せ　・いつもありがとう
7．頑張りすぎない、怒りすぎたら謝る

以上の事から、愛着形成に問題を抱えた児童に対して、行動上の問題を軽減させる。また、集団の中で生活する力を身に付けさせることへの第一歩となる。

愛着形成と自己肯定感は密接につながりがあることに気づくことができた。N さんは、不安や怒りから、『家に帰ると怒られる。お父さんに殺される。』と発言していたこともある。これまでの家庭生活の中で、N さんと家庭との関わりに、何らかの問題があったのではないかと推測できる。学校では、N さんの愛着形成を再構築(育てなおし)していくために、次のような取り組みを考えた。

《取り組み》

「学校現場で愛着形成をやり直すために必要なのは、チームアプローチであり、それは、愛着形成を教える役割(母親役)としつけの基本を教える役割(父親役)の工夫である。」**だれがどんな役割をすると効果的かをチームアプローチの中で工夫しながら取り組めるように、学校体制を構築していくことが必要**である。
N さんの場合：担任が父母の役割を基本的に担い、他の先生の力も借りながら、再構築を行っていった。

○学校生活の場の位置づけ

学校は休みたくない。しかし、しばらく教室に入っていると、急に暴れ出したり、教室を出て行ってしまったりする。担任や友達、先生に対しても暴言を吐いたり、暴力を振るったりする。しかし、担任にべったり抱き着いたり、頬ずりしたりする時もあるため、担任を愛着の対象者にしているのではないかと思われる。

そこで、まずは**N さんが安心して居れる場**を作ってあげることが必要だと感じた。辛くなったり、暴れたくなったり、教室に居れなくなった時の居場所づくりを行う。本人の特性上、誰も使わない、人目につかない部屋がよい。その部屋以外はクールダウンスペースとしては使わず、必ずその部屋で落ち着かせる。本人にも、辛くなった時はその部屋にきて休んでよいことを伝え、校内の徘徊や校外への飛び出しを抑制する。

○アイコンタクトやスキンシップの充実

感情が高ぶっていて不安定なときは手を握る、抱きしめるなどのスキンシップを意識的に行い、自分はいつでもみてもらっている、理解してもらえているという安心感を育てる。また、クールダウンした後には、気持ちを充分に聞き取って今後どうしていったらよいか行動の仕方を考える。

また、一日の中で可能な時はNさんと個別で学習できる時間を設ける。それ以外にも頑張っていることを認める声掛けを意識的に行う。

○がんばりシール(金シール)の活用

一日の終わりに、がんばったことを証明するために、金シールをわたす。

○医療機関や関係機関との連携

母親や家庭も支援していく必要がある。そこで、学校と家庭の連携(連絡帳や懇談会、家庭訪問など)を密にすると同時に、医療機関や福祉機関との連携を図り、家庭支援をしていく。

○個別の指導計画作成の作成

学校と家庭で共通理解する場を設ける。保護者に対しては家庭での取り組みとして、Nさんの下校後の過ごし方や朝登校するまでの過ごし方について、計画したことをもとに協力を求める。

2．言葉のやりとりが巧み！？

コミュニケーション力が高い！？は、何が違うのか？

例文

A　カブトムシがたくさんとれて「楽しかった」たくさんとれた要因は・・・・

B　カブトムシは、一匹もとれなかったけど一緒に虫取りができて「楽しかったね」

Aのように、饒舌であることよりも②のように体験を共有できることが重要です。

それは、台本通りにソーシャルスキルトレーニングをするというやり方では身につきません。

変化に満ちた楽しい時間を仲間と共有する経験を重ねる必要があります。

その入口は、母子のふれあいです。

発達障がいを抱える子どもたちの多くが、乳幼児期において「いないいないばあ」や「一本橋こちょこちょ」を体験できないことが保護者の調査でわかっています。

それならば、教室でそこも通過させたい。しかし、そのような対応や調整を授業の中に取り組んでいくことは、至難の業でもあります。だからこそ、授業や休み時間でも変化に満ちた楽しい時間（授業・遊び）を共有できるように私は、子どもたちと遊ぶ時間も授業と同じくらい大事にしています。

こんなことを書きながらふと次のようなことを思い出しました。

井上ひさしさんが生前に繰り返し言っていたことを思い出しました。

「むずかしいことをやさしく、やさしいことをふかく、ふかいことをおもしろく、おもしろいことをまじめに、まじめなことをゆかいに、そしてゆかいなことはあくまでゆかいに」

私もそんな言葉の使い手に少しでも近づきたいなと日々感じています。

特別支援通信～共に生きる～20

2．18（月）

橋本　信介

1　こんなことに困っていますトップ10

教室には、様々な子が存在します。これまで出会ってきた子どもたちを思い浮かべて考えてみました。今でも、彼らのことを忘れはしません・・・・

渡した通知表を目の前で、破られる。三階の窓から給食の皿を投げる。

体育の授業中、ずーーーーっと砂場で過ごす６年男子との格闘などなど。

出会ってきた子どもたちのおかげで今の自分があります。

１位　こだわりが強い子
２位　乱暴な行いをする子
３位　暴言を吐く子
４位　先生の指示に従わない子
５位　書くことが苦手な子
６位　何事にも時間がかかる子
７位　負けや失敗を認められない子
８位　学習意欲のない子
９位　授業中、口をはさむ子
１０位　ずっとしゃべりっぱなしの子

例えば、１位のこだわりが強い子に対してよく次のような光景をみかけます。

「もう、それぐらいにしときなさい」

「はやく、やめなさい！さっき、いったでしょ！」

「さっきやったばかりでしょ」

しかし、教師の感覚と本人の感覚は違います。

教師の感覚で無理にやめさせようとしたり、こだわることを叱責したりしても本人は、もちろん、教師が苦しいだけです。

言うことを聞かない本人を目の前にして意地になると関係もつくれないどころか嫌われてしまいます。
※支援を要するお子さんにとって、こだわり＝不安・心配・興味という解釈をもちながら接することが次の対応を支える第一歩になります。**こだわる程度を決めさせることも手立ての１つ**です。
児童に主体的に選択させることで、正の行動強化につながります。

ただし、全てが全て対応がうまくいくとは限りません。

特別支援は、オーダーメイドだ！とよく言われますし、ノートを出させる前にやる気を出させないと！というくらい教師の知見と対応が試されます。

こだわる行動を減らす OR 望ましい行動を増やすためには、やはり確認と激励を意識して対応することが近道になると考えています。

特別支援通信～共に生きる～24

3．1（金）

橋本　信介

1　○○先生より　学校はトラブルの集合体

昨年○年を担任しました。
色々な大変なことがありましたが、
その分学んだこともたくさんあります。

一番の学びは、子どものことを信頼する大切さです。

子どもたちは色々悪さをしていました。

何回注意しても変わりませんでした。

だから、子どものことがなかなか信頼できませんでした。

信頼をしていなかったから、表情や言葉の端々などの態度に出てしまっていたと感じます。

そのような担任の態度だったからこそ、子どもも担任のことをなかなか信頼できなくなっていったのだと思います。


昨年「先生給食の時、なんか見張られているみたい」

と男の子に言われました。

自分自身としては、そのような意識をしていませんでした。

ですが、子どもにはそう見えたようです。

子どもは大人が思った以上に態度を見ています。


ですから、今年はとにかくどの子も例外なく全員を信頼しようと思いこんでいます。（笑）

そのような意識があるからこそ、言葉も優しくなり、子どもに注意するときも感情的になっていないように感じます。

また、子どもに対して「あなたのことは信頼しているよ。」という言葉も色々な場面で伝えています。

大人でもそうですが、信頼されているというのはうれしいものです。

（もちろん、信頼できない時もあると思いますが。）


「意識が態度に出る。」

言われると当たり前かもしれませんが、昨年はこのことが特にできていませんでした。

学びの多い一年でした。

そのような一年を経験させてもらったことに心から感謝しています。

※
何気ない教師のしぐさ・言動に子どもたちは敏感です。

だからこそ、1つ1つのことに対しても学級を組織するうえでも趣意説明が必要であり、行動指針を確認し励ましていくことが求められます。

特別支援通信～共に生きる～25

3．5（火）

橋本　信介

1　信頼を得る！無くす！教師の言葉

○○先生・○○先生からの情報提供です。

【○○先生より】

・子どもを褒めてもらった。「お母さんからも褒めてあげてください」

　→その一言でなぜか気持ちが下がった

・頭痛で欠席連絡。「かぜが流行ってますので病院に行ってくださいね」

　→病院に行くかどうかの判断は私が。学校に迷惑はかけません。

・放課後の公園でのできごと、相手の保護者がお怒りで学校に連絡。「相手の方に電話を入れていただけるといいと思います」＊詳しいセリフは忘れてしまいました。

　→放課後のことなのに学校を巻き込んで申し訳ない。でも判断はこちらで。

・学校で友達と揉めたわけをうまく答えられず、泣きながらごめんなさいしか言えなかったことに対して、「そうじゃないんだよな、と思って」

→そうじゃないと思うなら、もうちょっとうまく聞き出してほしい

・「○○くんは○○（係の仕事）をよくやってくれてます。」

　→係の仕事は先生のためではないよな。やってる、でいい。＊細かいですが

★言われてよかった言葉★

・指導済みです。知っておいていただければいいです。

【○○先生】

人の話を聞かないと指摘され「家でもよく言っておきます」といったら「この子は直んないよ」と強く言われた。

→大ショック！！それはこっちのセリフだと思いながらすいませんと言うしかない。

10年前以上のことでも覚えている。言った先生は、忘れてるね。

★言われてよかった言葉★

「子どものボールが当たり友だちのメガネが曲がった」と連絡をもらい、「相手の子どもの方に謝罪したいのですが、電話番号を教えてもらえますか？」と聞いたら「あー○○さんでよかった！！」と言われた。

些細なことだけどうれしかった。子どもと同じ。

みんないい母親って思われたいと思う。

2 担任に授業のことで相談されたらこれ！　授業が荒れるリスト（実物資料：授業のチェックリスト）

授業は教材によって様々な形式を踏まえて実施されます。

どんなに食材が良かったとしても、料理人の腕が低かったら、上手な料理をつくることはできません。

同じように、どんなに教材が良かったとしても、授業の腕が低かったら、上手な授業はすることはできないと言われています。

つまり授業が荒れる大きな理由の一つが教師の授業の腕の低さです。

逆に考えると、授業の腕を上げることで、荒れる可能性は低くなるということです。

だからこそ、教師は教材研究だけでなく、指導技術も高めていかなければならないのです。

《資料のポイント》
①授業後、アドバイスをもらう前に、自分で記入する。そうすることで認識のずれがわかる。
②定期的に行うことで腕が上がっていくことを実感できる。

《参考文献》
『中学校を「荒れ」から立て直す』長谷川 博之（学芸みらい社）

「授業でバグが起きるチェックリスト１０」

チェック担当コーディネーター名（　　　　特別　　太郎　　　　）

バグが起きるチェックリスト		
5月２９日　　3年　2組　担任名　支援　花子		チェック欄
1	活動の目的や目標を伝えていない。	
2	一度に複数の指示を出している。	レ
3	説明や指示を与えるとき、言葉が多い。	レ
4	子どもたちが話を聞く時間が多く、活動が少ない。	
5	リズム&テンポがない。	レ
6	発問・指示がわかりづらい。	レ
7	全員に伝わる状態で話していない。	レ
8	早く終えた子、作業の遅い子に配慮がない。	
9	達成度・理解度の確認をしていない。	レ
10	全員を励ましていない。 肯定的な言葉で活動を促していない。	

アセスメント・コメント欄

○○先生。笑顔がとてもよく子どもたちもとても楽しそうに行っています。日頃の学級経営の良さが見て取れました。

今回の授業を見て、特に２つの項目を意識するとよりよくなると感じました。

2「一度に複数の指示を出している。」

9「達成度・理解度の確認をしていない。」

「教科書を出したら、２０ページを開いて、□３の問題をやりなさい。」ではなく、

「教科書をだしなさい。」「出せた人？（確認）」「２０ページを開きます。」「開いた人開きましたといいます。(確認)」のように一つずつ指示を出し、達成度を確認すると授業に入りやすくなると思いました。

「授業でバグが起きるチェックリスト１０」

チェック担当コーディネーター名（　　　　　　　　　　　　　　　　　）

バグが起きるチェックリスト		
月　　日　　　　　年　　組　担任名		チェック欄
1	活動の目的や目標を伝えていない。	
2	一度に複数の指示を出している。	
3	説明や指示を与えるとき、言葉が多い。	
4	子どもたちが話を聞く時間が多く、活動が少ない。	
5	リズム&テンポがない。	
6	発問・指示がわかりづらい。	
7	全員に伝わる状態で話していない。	
8	早く終えた子、作業の遅い子に配慮がない。	
9	達成度・理解度の確認をしていない。	
１０	全員を励ましていない。 肯定的な言葉で活動を促していない。	

アセスメント・コメント欄

3 子どもたちが学校に慣れてきて、やんちゃな行動多数。そんなやんちゃへの声かけ辞典

4月・5月。新しい環境への緊張とともに新学年としてのやる気があるため、子どもたちはとてもがんばります。しかし、新しい環境にも慣れた6月。やんちゃな子どもたちが動き始めます。ここで声かけ・対応を誤ると一年間収拾がつかなくなります。「魔の6月」とも言われる時期を乗り切るためにも次のような声かけがとても有効です。

①片付けをしない子
×「片付けをしなさい！」→◯（片付けられた状態を見せて）「これが片付けられた状態だよ」
片付けが苦手な子は、どのような状態が片付けられた状態なのかわかりません。ゴールを示すことで、具体的にどのようにすればよいか理解できます。

②順番を守れない子
×「順番を守りなさい！」→◯「□□さんは☆☆さんの次です。順番、守れますか？」
順番を守るとは具体的にどういうことなのかを明確に示します。最後は本人に守るかどうか言わせましょう。

③掃除ができない子
×「しっかり掃除しなさい！」→◯合格基準を点数で示し、「今の掃除の仕方は8点！　とても上手！」

しっかり、という言い方が曖昧に感じられます。上手な状態を示し、具体的な点数で褒めると伝わりやすくなります。

④自分の意見を何度も言いたがる子

×「うるさい人には当てません！」→◯「静かにピンと手を挙げている人を指します。」

自分がしていることを否定されたように感じるので、注意が必要です。どのような状態が良いのかを示し、自ら進んで良い状態になれるように促しましょう。

⑤「面倒くさい」と口に出して言ってしまう子

×「面倒くさいなんて言いません！」→◯「そう思うのはわかります。やってみて面倒くさかったことを教えてくれる？」

否定的な感情も一旦受け入れます。その上で、まずはやらせてみることで、後から自分の気持ちを振り返らせます。

⑥すぐに暴言を吐く子

×「やめなさい！　何てこと言うの！」→◯首を振って許されない行為だと全体に示しつつ「大丈夫？　何かあったの？」

許されない行為であることは本人だけでなく周囲にも示します。行為は否定しますが、心配する言葉かけをして本人は否定せず、寄り添います。

⑦廊下で追いかけっこをしている子

×「どうして廊下を走っているのですか！」→◯「□□さん。追いかけません。教室に戻ります」

理由を聞いても仕方がない場面です。具体的に端的にしてほしい行動を伝えます。

⑧パニックを起こしている子

×「どうしたんですか！　落ち着きなさい！」→◯「移動しよう。座ろうか」

パニック状態で理由を尋ねても、冷静に話すことは難しいです。刺激を避けた声かけをして、落ち着ける環境に移すこと、座らせることが第一優先です。

⑨自分の思い通りにいかないと怒って手を出す子

×「手を出してはいけません！　がまんしなさい！」→◯「思い通りにいかなかったときに、どうするか決めておこう」

手を出す以外の選択肢が本人の頭にないことが多いです。予防策として、落ち着いて話ができるときに決めておけば、選択肢も増えるし、決めたことに基づいて後でフィードバックできます。

⑩授業中、関係のないことを聞いてくる子

×「今は〇〇の授業中です！」→◯「今やっている問題を解けたら、教えます」

ただ打ち切ってしまうのではなく、主導権を握り、一枚上をいく対応で逆に子どもの活動を促せるとよいでしょう。

《参考文献》

『学級担任必携！発達障がいの子どもを〝教えて褒める〟トレーニングＢＯＯＫ』小嶋悠紀（明治図書）

4 身になる特別支援研修を（実物資料：校内研修で使えるワークシート）

特別支援スキルは様々なところで研究され、成果が出ています。

特別支援学級の子どもだけでなく、通常級の子どもたちにもとても効果があります。

だからこそ、全職員が学ぶべきことです。

ここでは「やさしさ」や「いやし」をつくる脳内の神経伝達物質セロトニンが出るスキルについてご紹介します。

クラスが落ち着かずざわざわしている学級の教師、子どもの対応に余裕がないときにはぜひ学んでいただきたいスキルです。

《資料のポイント》
①「セロトニン5」がどういう行為なのかだけでも暗記するように声をかけましょう。
②実際に近くの人とセロトニン5の行為を行わせ、効果を体感するのも有効です。
③プリントに答えが書いてあるのでこのプリントを渡すだけでも有効です。

《参考文献》
「特別支援通信教育№．４　２０１１．８―９号」ＮＰＯ岡山教師力向上支援サークル
「特別支援通信教育№．５　２０１１．10―11号」ＮＰＯ岡山教師力向上支援サークル

セロトニン５演習

1. セロトニンはどんな物質ですか。

________と________をつくる脳内の神経伝達物質

2. セロトニン５とはどのようなスキルですか。

① __________スキル

② __________スキル

③ ____________スキル

④ ________スキル

⑤ ________スキル

3. 見つめるスキルのポイントは何ですか。

① 安心感を与えるために________________________

② 相手に攻撃をしないと意思表示をするには____________

4. ほほえむスキルのポイントは何ですか。

① ほほえむと同時に______________

② 舌を_____に当てる

＜解答＞
1.　いやし　優しさ
2.　見つめる　ほほえむ　はなしかける　ふれる　ほめる
3.　まばたきをゆっくり行う　目をつぶる
4.　首を少し傾ける　上唇

5. 話しかけるスキルのポイントは何ですか。

① ＿＿＿＿を呼ぶ

② ＿＿＿＿をする

③ ＿＿＿＿をあげる

④ ＿＿＿＿が持てる話をする

6. 触れるスキルのポイントは何ですか。

① ５～８歳までに、＿＿＿＿、＿＿＿＿に手を置く、＿＿をたたくなどをたくさんする

② ＿＿＿＿＿＿や＿＿＿＿は持たないようにする

7. ほめるスキルのポイントは何ですか。

① ＿＿＿＿＿＿＿＿を実感させるようにほめる

② ＿＿＿＿＿＿に気持ちよくほめる

③ ＿＿＿＿をつけてほめる

④ ＿＿＿＿＿＿＿＿＿＿＿＿でほめる

<解答>
5. 名前　質問　高得点　希望
6. 握手　背中　肩　二の腕　手首
7. 成功体験　大げさ　名前　いろいろな言葉

5 校内研修　教師の叱り方

《資料のポイント》

○まずは、問題文（問題）を読んでもらいます。次に、問題文にあるようなことをすると起ることを、テキストを読みながら話します。その後、（　　）の中を書き入れてもらい、一項目ずつ例を交えながら解説すると効果的です。

前にお願いするとよいでしょう。

①の答え……（具体）的に、誰のどこが（良い）のか指摘すること

解説……「学習のお手本」を具体的に先生が示すことで、どうすればよいのか明確にすることができます。

②の答え……良い行動を耳元で（小声）で話すこと

解説……興奮している子どもに優しくささやくような声で話しかけると落ち着き、話をよく聞いてくれることが多いです。

③の答え……しっかり目を見て、（ジェスチャー）で褒めること

解説……うなずく、ＯＫサインを出すなどのジェスチャーをすると同時に、「さすがだね」などと言うと、サインを出しただけで、意味が伝わるようになります。

《引用・参考文献》

「ＴＯＳＳ特別支援教育№８」笠井美香論文（東京教育技術研究所）

支援を要する子への教師の対応法

クラスに必ずいる支援を要する児童。個人への指導(対応 だけでなく、教室の環境を整えたり、先生の対応を変えたりするだけで、児童への支援の効果が高まります。効果のある指導(対応 には、どのようなものがあるでしょうか。

知っておきたい教師の叱り方のポイント

① 短く叱る

長くダラダラと叱っても、児童は、何のことを叱られたのかわからず、同じことを繰り返してしまいます。叱るときは、端的に短く叱るようにしましょう。

② 過去のことは持ち出さない

叱るときに、「この前も手を出したでしょう！」「いつも同じことばかり！」など過去のことを持ち出して叱ることはやめましょう。今、行った悪いことを叱り、改善を促しましょう。

③ 何がいけなかったのか考えさせましょう

ただ頭ごなしに叱るのではなく、「何がいけなかったの？」と児童に聞き、児童の口からいけなかったことを言わせるとよいです。児童に自分の行動をメタ認知させることができ、同じミスを繰り返しにくくなります。

問題　A 先生は、授業中、落ち着かない児童やルールを守らない児童の名前を呼んで、注意を喚起することが多いです。また、「話を聞きなさい！」「手悪さしない！」と注意を何度もしています。児童たちは、指摘されたにもかかわらず、同じ行動を繰り返してしまいます。授業に集中し、学習する教室にするには、どのように対応すればよいでしょうか。

(　　)の中に言葉を書きましょう。

1 (　　　　)的に、誰のどこが(　　　)のか指摘すること

「Aさん、すばらしい。背筋がピンと伸びているね」

「Bくん、えらい！ 先生の方をしっかり見ているね」

良い行動をお手本とし、それを真似して学習しようという雰囲気をつくります。

2　良い行動を耳元で(　　　)で話すこと

話した内容がより伝わりやすいのは、小声で指摘したときです。大声で怒鳴る叱り方は、敵とみなされ、注意が聞けなくなり、反抗的な態度になります。より小さな声で、「ノートに書いたら最高だな！」などと、やってほしいことを耳元でささやくと効果的です。

3　しっかり目を見て、(　　　　　　　　)でほめること

教室でおとなしいけれど、しっかり頑張っている子どもと、目を合わせ、決めているジェスチャーでほめます。先生と自分だけのサインで、大切にされていると思い、どの子も安心して勉強することができるようになります。

6 校内研修　ひといちばい敏感な子への対応

ひといちばい敏感な子（ＨＳＣ　Ｈ＝Highly　Ｓ＝Sencitive　Ｃ＝Child）は、五人に一人いると言われています。特徴は、発達障害（ＡＳＤなど）の児童の特徴に非常に似ているようですが、人の気持ちや場の空気に敏感であり混同してはいけないようです。鳥取大学名誉教授大野耕策氏によると、『ＨＳＣを背景にした不登校が多々ある』と警鐘を鳴らされています。ＨＳＣの子に対して、教師が間違った指導をした場合、学校生活になじめず不登校になるケースもあるようです。

ＨＳＣの子の特性理解をした校内研修にするとよいでしょう。

《資料のポイント》
①自分の学級の児童に当てはまる項目をチェックしましょう。
②あくまで、診断することが目的ではなく、どのような配慮が必要か気づくために行います。
③適切な配慮を校内全体に行うことができるようにするとよいでしょう。

ワークシートの答え ①5　②不登校　③ペース　④褒める　⑤説明　⑥友だち　⑦注目　⑧食べる　⑨味方

《参考文献》
『ひといちばい敏感な子』エレイン・Ｎ・アーロン著、明橋大二翻訳（一万年堂出版）
「ＴＯＳＳ特別支援教育№11」浦木秀徳論文（東京教育技術研究所）

ひといちばい敏感な子 (Highly　Sencitive　Child)

５人に１人が「ひといちばい敏感な子 (HSC)」と言われています。自閉症スペクトラム症 (ASD) と混同されがちな HSC の特性を理解し、適切な配慮を行うことは、学級を安定させることにもつながります。

この事例はどっち？　こんなことがありました。　ＡＳＤ？　ＨＳＣ？

音や、肌に触れるもの、その他いろいろ感覚面で、とても敏感なところがあります。しかし一方で、他の人だったら不快に思ったり、とても痛いと感じることに対して鈍感だったりもします。

正解は、ＡＳＤです。見分け方が非常に難しいのです。http://hspjk.life.coocan.jp/FAQ-HSP-ASD.html より

1　ひといちばい敏感な子(HSC)とは

次のような児童がいませんか。当てはまる項目にチェックしましょう。

- □ 音やにおいに敏感
- □ 偏食がある（味や食感にこだわる）
- □ 友だちの気持ちをよく察知する
- □ 何事もじっくり考えてから行動する
- □ 正義感が強く、不正が許せない
- □ 大声や怒鳴り声にびっくりし、怖がる
- □ がやがやした場所、うるさい場所が苦手

以上の項目が複数該当するようであれば、その子は HSC の可能性があります。

HSC は、①（　　　　　）人に１人いると言われています。また、学級で適切な配慮が行われなかったために②（　　　　　　）になった事例も数多く報告されています。

2　HSC への適切な配慮とは

「ひといちばい敏感な子 (HSC)」が、１日の大半を過ごす場所が学校です。学校や教室を HSC にとって安心できる場所にすることは、どの子にとっても安心できる場所になるということです。

1）その子の③（　　　　　）を尊重する

言葉を発したり、行動したりするのに時間がかかることがあります。

2）④（　　　　　）ことで、自信を育てる

自己肯定感を高めるとぐんぐん才能を発揮します。

3）注意ではなく⑤（　　　　　）する

ほんの少し注意しただけでも、全否定されたように思って、萎縮してしまうことがあります。どうしていけないのか理由を伝えるだけで十分です。

4）⑥（　　　　　）関係は担任がサポートする

仲間の輪に入るのに時間がかかることがあります。

5）発表するとき、⑦（　　　　　　）が集まりすぎないように配慮する

人前でしゃべったり、発表したりするときに、とても緊張することがあります。

6）給食時間、⑧（　　　　　　）ことを無理強いしない

味覚や嗅覚がとても敏感で、微妙な味やにおいの違いを気にすることがあります。

7）一番大切なのは、先生は⑨（　　　　　　）だという安心感

先生は自分を受容し助けてくれると思えたら、学校生活が安心して過ごせます。

7 校内研修　面談の持ち方

面談をする上で大切なことは、学校と保護者の連携です。保護者が信用すれば、面談もスムーズにいくことでしょう。研修のポイントは「前段階の子ども理解」「面談の前準備」「出席者と場の設定」「事実の伝え方」「連携の仕方」と多岐にわたります。面談の持ち方は、担任一人ではなく、支援コーディネーターや管理職などの連携が必須です。

《資料のポイント》
①言葉をなぞる形でワークに取り組んでください。
②事実の伝え方は、保護者目線で行うことや、少しずつ提示することを前提にしてください。
③どちらが事実かという事例も用意しました。
④なぞり式の他に、記述式のものも資料として用意しました。

《引用・参考文献》
「TOSS特別支援教育No.8」高野宏子論文（東京教育技術研究所）

保護者への対応・面談の持ち方　研修会

★支援が必要な子どもにとって、学校と保護者の連携はとても重要です。面談会のポイントを研修します。

1、前提条件

どんな保護者か知ることが大切です。そして大切なことは、子どもの特徴を特別支援コーディネーターと相談しながら、［アセスメント］をすること。

※アセスメント（客観的にみること、評価することも含む ）
引継ぎ資料、コーディネーターの所感、生育歴、どんな行動をしているか（応用行動分析）

2、参加者

もっとも大切なのは、［複数］で面談すること。

（担任のほかに、学年主任、特別支援コーディネーター、管理職など）

なぜ？ ① 診断や医療受診などデリケートな内容は複数で聞き取りをするため
② 学校側の発言を誤解されるなどトラブルをさけるため

3、場の設定

①司会は［担任以外］のメンバーがする。（コーディネーターか管理職）

②担任は［保護者］の近くに座る。(保護者に寄り添って話を聞く）

4、話の進め方

①子どもと保護者の［味方］の立場で話す。

なぜ？ 子どもと、子どもの将来に関わる保護者にとって大切な話し合いである。受け入れやすい状態で一緒に考えていくため。
子どもが頑張っていること、努力していること、うまくいったことから話し始めるとよい。

②検査や受診の勧めなど**話しにくいこと**は［担任以外］が伝える。

5、保護者の要望に対する連携

①保護者の要望は、担任への信頼と受け止め、前向きに聞く。

②［すぐできること］［できそうなこと］の順に話す。安易な返答はしない。

6、面談後

面談後は、保護者の要望と学校側の対応の確認を行う。コーディネーターと担任を中心に保護者の［要望の整理］を行う。

保護者への対応・面談の持ち方　研修会

★支援が必要な子どもにとって、学校と保護者の連携はとても重要です。面談会のポイントを研修します。

1、前提条件

どんな保護者か知ることが大切です。そして大切なことは、子どもの特徴を特別支援コーディネーターと相談しながら、［　　　　］をすること。

※アセスメント（客観的にみること、評価することも含む）
引継ぎ資料、コーディネーターの所感、生育歴、どんな行動をしているか（応用行動分析）

2、参加者

もっとも大切なのは、［　　　　］で面談すること。

（担任のほかに、学年主任、特別支援コーディネーター、管理職など）

なぜ？ ① 診断や医療受診などデリケートな内容は複数で聞き取りをするため
② 学校側の発言を誤解されるなどトラブルをさけるため

3、場の設定

①司会は［　　　　］のメンバーがする。（コーディネーターか管理職）

②担任は［　　　　］の近くに座る。（保護者に寄り添って話を聞く）

4、話の進め方

①子どもと保護者の［　　　　］の立場で話す。

なぜ？ 子どもと、子どもの将来に関わる保護者にとって大切な話し合いである。受け入れやすい状態で一緒に考えていくため。
子どもが頑張っていること、努力していること、うまくいったことから話し始めるとよい。

②検査や受診の勧めなど**話しにくいこと**は［　　　　］が伝える。

5、保護者の要望に対する連携

①保護者の要望は、担任への信頼と受け止め、前向きに聞く。

②［　　　　］［　　　　］の順に話す。安易な返答はしない。

6、面談後

面談後は、保護者の要望と学校側の対応の確認を行う。コーディネーターと担任を中心に保護者の［　　　　］を行う。

8 運動会シーズンだからこそ、授業でバグが起こらないようにリスト再確認（実物資料：授業のチェックリスト）

運動会シーズンは時間割が不規則になったり、練習が多くなって疲れたりして、子どもが落ち着かなくなります。

不規則な時期に、授業が荒れることが多くなります。授業でバグが起こらないようにするためには、

Ⅰ	授業の作業・活動
Ⅱ	教師の音声情報
Ⅲ	授業のリズム・テンポ
Ⅳ	子どもの活動の保障

が大切です。自分の授業を録画して、このチェックリストを活用して、子どもが「楽しい！」「わかりやすい！」という授業を行ってください。

《引用・参考文献》

「教育トークライン」２０１７年５〜８月号　小嶋悠紀論文（東京教育技術研究所）

授業のチェックリスト

チェック項目	チェック欄
Ⅰ 授業の作業・活動(授業の50%以上が望ましい)	
① ノートを持ってこさせるときなど子どもを立たせていますか。	
② 問題文など音読で声を出させていますか。	
③ 写させる・なぞらせるといった書く活動を取り入れていますか。	
Ⅱ 教師の音声情報	
④ 説明は15秒以内で抑えていますか。	
⑤「教科書。36ページ。」のようにフレーズで区切って話していますか。	
Ⅲ 授業のリズムテンポ	
⑥ 発問と指示がセットになっていますか。 例:(発問)答えは何ですか? (指示)式を書きなさい	
⑦ 次々に発問と指示が繰り出されていますか。 例:「登場人物は誰ですか?」「主役は誰ですか?」	
Ⅳ 子どもの活動の保障	
⑧ 早く終わった子への活動をさせていますか。 例:音読、ノートに写すなど	

9 運動会で燃え尽き症候群！　やんちゃのパワー溢れだす時期。そんなやんちゃへの声かけ辞典

「魔の十一月」に子どもが荒れるのは、行事やイベントの影響がほとんどです。「予定の変更」がたくさんあったり、失敗体験によって自己肯定感が下がっていたりします。また行事やイベントを目標として、がんばっていた子どもは終わってしまうと目標を見失ってしまうのです。そのストレスを最小限に抑えるためにはどんな声がけをしていけばよいのでしょうか。ご紹介します。

①運動会で周囲と違う行動をとってしまう子

×「話をしっかり聞きなさい！」→◯「前に比べて一緒に動けることが増えてきているよ！」

良いところに目を向け、良い行動を加速させた方がよいでしょう。

②音楽会で大きな声を出し過ぎてしまう子

×「声が大き過ぎます。周りに合わせなさい！」→◯基準を示して「今の声はレベル◯です。レベル□にしましょう」

大きすぎる、という表現は曖昧です。具体的な基準が必要です。

③授業中しゃべり続けてしまう子

×「うるさいですよ！　静かにしなさい！」→◯授業以外の時間に「授業中話してしまっているときがあるよ。他の子が困っています。先生がサインを出したときには、やめてくださいね」

本人が意図せず話してしまうケースがあります。落ち着いているときに声をかけ、約束事を決めておけるとよいでしょう。

④負けや失敗を認められない子

×「○○さん、謝りなさい！」→○（クールダウンさせてから）「どうすればよかったかな。謝れそう？」

無理強いしても余計に頑なになることが予想されます。落ち着いてから次につながる行動を考えさせましょう。

⑤学習意欲がない子

×「勉強がわかったら、おもしろいよ！」→○「わからないことは、だめなことじゃないです。答えを見て考えてみましょうか」

わからないことがだめだと思いこんで自己肯定感が下がり、学習意欲が下がります。先入観を取り除き、具体的な行動を示してあげましょう。

⑥目標を失った子

×「行事はもう終わりました！　切り替えます！」→○「行事で○○というところが成長しましたね。次はどんな目標に向けてがんばりましょうか」

行事での成長を具体的に伝えることで、達成感を味わうことができます。次なる達成感を得るために目標を立てたいと思うようになります。

⑦自己肯定感が下がっている子

×「失敗しちゃったけど、またがんばろう！」→○「○○のところがすごくよくできていましたよ。次はきっともっと上手にできますね」

がんばろうという声がけをされると、自己肯定感はさらに下がります。本人なりにがんばっているからです。できているところを具体的に示し、前向きにと捉えさせてあげましょう。

⑧予定の変更に戸惑う子

×「変更も仕方ないでしょう！」→◯「今回は◯◯という事情があったんです。今後も変更の可能性があります。できるだけ早めに変更を伝えられるようにしますね」

変更が苦手な子もいます。力技でねじふせるのでなく、同じようなことがないように伝えることで安心感を与えます。

⑨授業の準備ができない子

×「準備をしてから遊びにいきなさい」→◯やり方を見せ、実際にやらせてみせて「準備ができていたね！」と毎時間褒める。

苦手な子は、準備ができている状態がわかりません。示して、やらせて、褒めてあげることが次へとつながります。

⑩係活動を忘れてしまう子

×「忘れてるよ！」→◯指示を短くし、視覚支援を増やし「忘れずにできたね！」と褒め続ける。

忘れた後に指導ではなく、忘れないようにするための支援が必要です。成功体験を積めば、自主的に取り組む姿が育ちます。

⑪授業中、口をはさんでしまう子

×（めんどくさい！　やりたくない！　と口をはさむ）「そんなこと言いません！」→◯「やり方がわからなかったのかな」「思いついたことを言ってしまったんだね」

授業で不満を漏らす＝わからないことがあったり、つい口から出てしまうことがあったりするものです。不満の原因を聞いて児童に寄り添いましょう。

⑫何事にも時間がかかる子

×「はやく書きなさい！」「まだ書いてないの？」→〇「ノートに写すのもお勉強です。一番よくないのは、何もしないことです」

直接的に時間のことで責めると自己肯定感が下がります。具体的にどうすればよいのか示しましょう。

⑬何度も立ち歩いてしまう子

×「いい加減にしなさい！」→〇「（怒気を消して）座ります」

声を荒らげても、結果は変わりません。感情を出さずに、端的に指示をする方が相手に伝わりやすいのです。

⑭乱暴な行いをする子

×「何やってるの！　やめなさい！」→〇「ストップ!!　よくやめたね。まず座ろう」

乱暴な行いをしている時点で、興奮して周りの声が入りにくくなっています。まずはより強い刺激の大きな声で止めます。やめられたことを褒めます。お尻を付けて座らせることによって、気持ちを落ち着かせることができます。立ったままだと動きが出やすくなり、危険です。

《参考文献》
『学級担任必携！　発達障がいの子どもを〝教えてほめる〟トレーニングBOOK』小嶋悠紀著（明治図書）
「TOSS特別支援教育№2・3・6・8・9・10・11」（東京教育技術研究所）

10 子どもはなぜ不適応・問題行動を起こすのか。ＡＢＣ分析シート

発達障害の子どもは、様々な問題行動を引き起こします。そのとき、「ＡＢＣ分析シート」を使うことで、発達障害の子の問題行動をコーディネーターとして、分析する力を身に付けることができます。

《資料のポイント》

①次のページに示したように真ん中の「Ｂ　行動」から書き始めましょう。①～⑥の順番で書いていきます。支援会議では、ＡＢＣ分析シートをもとに対応方針を組み立てていきます。

②このシートを使うことで、子どもの言動はなぜ、「問題行動」といえるのか。子どもはなぜ、そのような言動を選択しているのか。その選択によって子どもが得ているものは何か。避けているものは何かを推定することができます。「なぜそうなるのか」を推定し、「どう対応すれば成果が上がるのか」を熟考することで、教師の子どもに対する回避感情は小さくなっていきます。教師が、大人の関わり方によって、予防することもできれば、変えることもできることがわかります。

《引用・参考文献》

「０からの特別支援教育入門講座」Ｐ58 小嶋悠紀（ＴＯＳＳ　ＲＵＳＣＥＬＬＯ）

「ＴＯＳＳ特別支援教育№１」Ｐ26 長谷川博之論文（東京教育技術研究所）

ＡＢＣ分析シート

児童生徒氏名		観察日
観察者氏名	観察対象	校時(時間)
科目・活動		場所
先行条件 (Antecedent)	行動 (Behavior)	結果事象 (Consequence)
Ｂの起こったきっかけ 対人的な原因　環境的な原因 生理的な原因　時間的な原因	具体的な行動　発した言葉	教師が何をしたか(注意・要求) 子どもが何をしたか(回避)
		<教師は何をしたか？> <子どもは何をしたか？>
原因要素に対する 環境調整と状況回避の方法	不適応・問題行動に代わる代替行動	自尊感情向上のための対応

ＡＢＣ分析シート		
児童生徒氏名　A 男		観察日
観察者氏名　　教師	観察対象　　児童	校時(時間)　13：15〜13：35
科目・活動　昼休み		場所　校庭
先行条件 (Antecedent)	行動 (Behavior)	結果事象 (Consequence)
Bの起こったきっかけ 対人的な原因　環境的な原因 生理的な原因　時間的な原因	具体的な行動　発した言葉	教師が何をしたか(注意・要求) 子どもが何をしたか(回避)
仲の悪い子も一緒に遊んでいたから。 A 君の靴の紐がほどけて上手く走れなかったから。 鬼ごっこで紐を結わく時間がなかった。 A 君と仲の悪い B 君が必要以上に A 君を追いかけた。 ②	A 君が休み時間の鬼ごっこの最中に、無理やり追いかけられたころに腹を立て、校庭で B 君を殴った。 ①	<教師は何をしたか？> A 君と B 君を呼び、殴ったことを叱った。 <子どもは何をしたか？> 叱られたことに興奮し、「うるせー死ね！」と言って反抗してきた。 ③
原因要素に対する 環境調整と状況回避の方法	不適応・問題行動に代わる代替行動	自尊感情向上のための対応
B 君とトラブルにならないように担任が一緒に遊んであげる。 A 君に鬼ごっこで起こりそうなトラブルを事前に話しておく。 ④	イライラして、友だちを殴りたくなったら、座布団を殴る。 イライラしたら、教室に戻る。 ⑤	代替行動ができたことを褒める。 ⑥

Ⅲ章

特別支援の校内システム

―一目でわかる「毎月の仕事」スケジュール表＋6

1 毎月支援が必要な子どもが振り返るためのシート

人間は目標があることで、成長します。

しかし、目標があったとしても、何もしなければ目標を忘れてしまうし、自分の成長を実感することができません。

また、心理学の中で人間は自分が決めた割合が多ければ多いほど、モチベーションがあがると言われています。

そのため、教師は子どもが目標を立てやすいように質問などの支援をして、子どもが自分の目標を振り返り、評価していく時間を確保することが大切です。

《資料のポイント》

①月はじめに子どもに項目を考える機会をつくりましょう。

②もし子どもが目標を考えることができなかったら、一ヶ月後、自分にとってどのような状態が最高か考えさせ、そのために何をすればいいかを質問しましょう。

③子どもの解答はすべて肯定しましょう。

④月の終わりに子どもに自己評価をさせましょう。

《参考文献》

『自分で考えて決められる賢い子供　究極の育て方』サカイク（株式会社ＫＡＤＯＫＡＷＡ）

振り返りシート［例］

名前（　　支援　太郎　）

目標	評価
1. 朝友達に自分から５人にあいさつができる	７０
2. 友達にありがとうを３回言う	１００
3. 朝来たら連絡帳を書く	２０

※文の最後は「～したい」ではなく、
「～できる」「～する」と書くとよい。
※いつでも見られるところにはっておくとよい。
※かんたんな目標ではなく、
ちょっとむずかしい目標を立てるとよい。

振り返りシート

名前（　　　　　　　　）

目標	評価
1.	
2.	
3.	

※文の最後は「～したい」ではなく、
「～できる」「～する」と書くとよい。

※いつでも見られるところにはっておくとよい。

※かんたんな目標ではなく、
ちょっとむずかしい目標を立てるとよい。

2 気になる子どもに会う前には実態把握を必ずチェックするチェックリスト

「彼を知り己を知れば百戦殆うからず」（孫子）

まず相手のことをよく知ることが大切なのは、昔から言われています。

知ることで的確な対応をすることができます。

しかし、ただやみくもに知るのでは時間がかかります。

何を把握しなければならないかをリストにまとめチェックしましょう。

実態把握の順番

①引継ぎノートからの実態把握
②元担任からの実態把握
③専科などの関わってきた教師からの実態把握
④関連機関からの実態把握

「出会う前の実態把握チェックリスト10」［例］

	内容項目	メモ欄
1	生育歴について（検診での指摘事項等）	・なし
2	家族構成	・母
3	現在受けている支援機関	・なし
4	本人・保護者の願い	・毎日学校に行く
5	興味・関心	・電車
6	得意なこと	・絵を描くこと
7	苦手なこと	・座っていること ・相手のことを考えること （自分勝手な部分がある）
8	生活面 （食事・排泄・危険認知等）	・なし
9	社会性 （指示の理解度、集団参加、 感情のコントロール等）	・物事にこだわりあり
１０	健康面 （身体機能、見え方、聞こえ方、 姿勢保持等）	・姿勢の保持が苦手

「出会う前の実態把握チェックリスト10」

	内容項目	メモ欄
1	生育歴について（検診での指摘事項等）	
2	家族構成	
3	現在受けている支援機関	
4	本人・保護者の願い	
5	興味・関心	
6	得意なこと	
7	苦手なこと	
8	生活面 （食事・排泄・危険認知等）	
9	社会性 （指示の理解度、集団参加、 感情のコントロール等）	
１０	健康面 （身体機能、見え方、聞こえ方、 姿勢保持等）	

3 ケース会議　ケース会議提案資料雛形と書き方見本

児童指導を行っていく上で、小さいほころびのうちから、できるだけ早くケース会議を開くことが大切です。

継続的に児童・保護者・担任を支援しておくことで、大きな出来事が起こるのを未然に防ぐことができます。

また、明確な目的や目標がないまま行われるケース会議では、「しばらく様子を見ましょう」で終わってしまいます。

次ページで紹介する資料によって、自然とケース会議で話すことが明確になります。

《資料のポイント》

①保護者の合意を得ずに進めていくと、後にトラブルとなることも多くあります。保護者の合意を得られたかを記す欄を設けています。

②「目標達成評価欄」はあえて中間の「3」は設けていません。よかったのか、よくなかったのかを明確にすることで、次の対応策が明確になります。

③「次回支援会議日時設定」欄を設けています。定期的に集まる機会を設定することで、評価も明確になります。保護者としても見通しがつきやすいものです。

「様子を見ましょう」で終わらないためにも、次回の日時まで設定できるようにしましょう。

＿＿＿＿＿さん ケース会議 提案資料 第1回

２０１９年5月１７日（金）

ケース会議出席者　◯◯さん保護者様　担任　□□先生　　特別支援コーディネーター　△△

１　個別の支援計画・指導計画による情報・状況の共有

２　現在、課題となっている状況

（１）学校における日常生活 １　休み時間後、始業時間までに教室に帰って来れない。 （２）学習状況（授業・活動・宿題などを含む） １　４５分間座って授業に取り組むことが難しい。 （３）対人関係など １　言葉がうまく出ず、手が出てしまう。

３　課題に対する教師の具体的な対応

課題	対応	合意の有無
（１）－１	シートを作成。帰って来れた時にシールを貼る。	○
（２）－１	座席を前方にする。動きを含んだ活動を授業に取り入れる。	○
（３）－１	ケースに応じ、どのような言葉を伝えたらよいか、伝える。	○

４　子どもに期待する行動

該当番号	期待する具体的な行動
（２）－１	座っていられる時間を延ばす。動きたくなったら、先生に声をかける。
（３）－１	手を出さずに助けを求める。困ったときには先生を呼ぶ。先生のところに来て話す。など

５　短期目標・長期目標の設定と評価

	内容	目標達成の評価 （評価日　／　）
短期目標（夏休み前まで）	１日１回、始業時間までに着席する。	1　2　3　4
	立ち歩きを１日５回までにする。	1　2　3　4
	手が出てしまった後に謝る。	1　2　3　4
長期目標（年度終わりまで）	全ての授業で始業時間までに着席する。	1　2　3　4
	立ち歩きなし。	1　2　3　4
	手を出さずに助けを求める。	1　2　3　4

６　次回支援会議の日程設定

次回支援会議日時	２０１９年6月２１日（金）１６：００～予定

《参考文献》「小嶋式 IEP フォーマット」（小嶋悠紀）

＿＿＿＿＿＿＿＿さん　ケース会議　提案資料　第1回

年　月　日（　）

ケース会議出席者　　さん保護者様　担任　　先生　　特別支援コーディネーター

1　個別の支援計画・指導計画による情報・状況の共有

2　現在、課題となっている状況

（1）学校における日常生活
（2）学習状況（授業・活動・宿題などを含む）
（3）対人関係など

3　課題に対する教師の具体的な対応

課題	対応	合意の有無
（　）－		
（　）－		
（　）－		

4　子どもに期待する行動

該当番号	期待する具体的な行動
（　）－	
（　）－	

5　短期目標・長期目標の設定と評価

	内容	目標達成の評価 （評価日　／　）
短期目標 （ まで）		1　2　3　4
		1　2　3　4
		1　2　3　4
長期目標 （ まで）		1　2　3　4
		1　2　3　4
		1　2　3　4

6　次回支援会議の日程設定

次回支援会議日時	年　月　日（　）　：　～予定

《参考文献》「小嶋式 IEP フォーマット」（小嶋悠紀）

4 保護者の信頼を得る家庭訪問（実物資料：準備・当日の流れのフローチャート）

家庭訪問で保護者の信頼を得るためには、事前に子どもにアンケートをとって、それをもとにアセスメントすることが大切です。アンケートには、

①仲の良い友だち
②好きなこと（食べ物・スポーツ・テレビ番組）
③前の学年（幼稚園・保育園）で嫌だったこと・困っていたこと
④どんな一年にしたいのか

を聞きます。そして、実際の家庭訪問では、

①アンケートをもとに話を聞く。
②幼少期で大きなけがや病気はなかったか。幼稚園や全学年で困ったことや気になったことを聞く。
③今後の方針について話し合う。
④「共に支え合っていきましょう」と励ます。

という形で家庭訪問を終える。

保護者の信頼を得る家庭訪問
～準備から当日まで～

事前準備　※事前アンケートで聞いておくこと

① **仲の良い友だち**

② **好きなこと(食べ物・スポーツ・テレビ番組)**

③ **前の学年(幼稚園・保育園)で嫌だったこと・困っていたこと**

④ **どんな一年にしたいのか**

当日の流れ

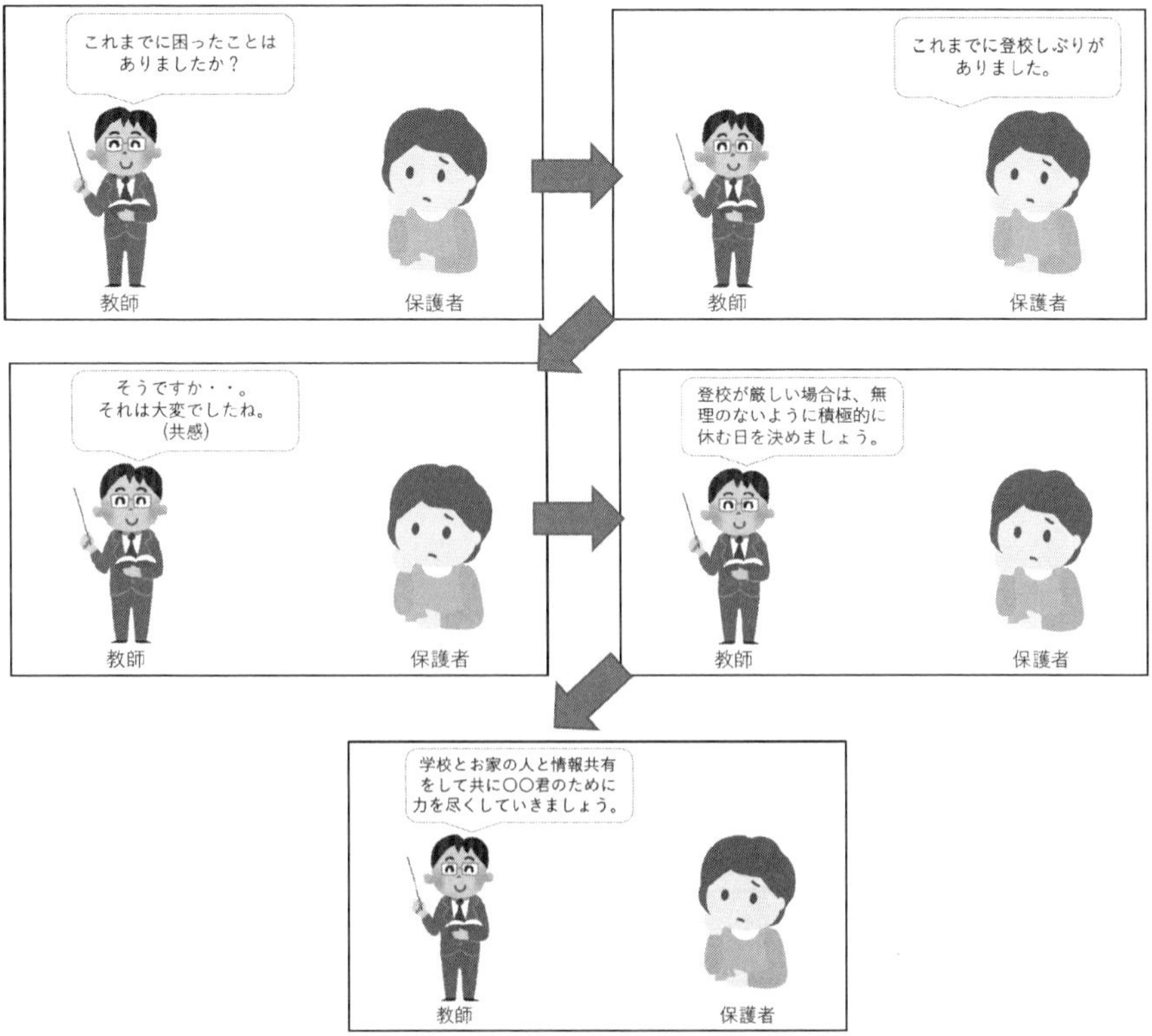

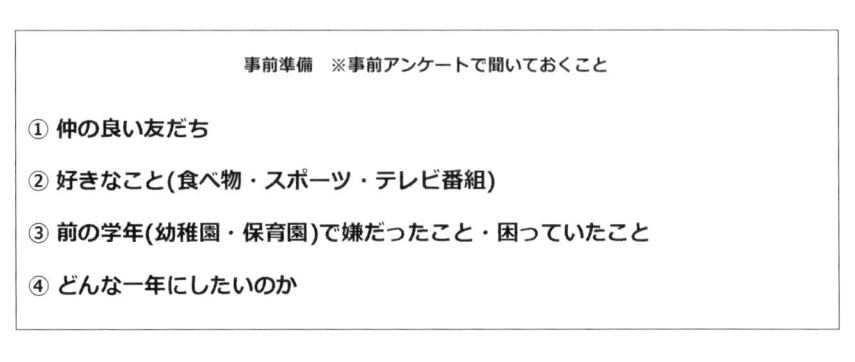

5 魅力がない懇談会にさようなら！ 懇談会ビフォー・アフター仕事術！

子どもの良いところを伸ばしたいです。子どもの得意なこと、好きなこと、頑張っていることです。そういったことを教師と保護者が把握し、ともに育てていく関係づくりが懇談会です。

【懇談会の進め方】

①見通しをもたせ、時間を掲示する。
②保護者に向けて、お子さんの良いところを一言ずつ全体の場で伝える。
③やんちゃなお子さんのやる気を引き出す方法を伝える。
④クラスの様子を写真や動画で伝える。

①懇談会の流れや終了時間がわかると、保護者は安心します。配布資料や黒板に終了時間を明記しておくとよいです。

②保護者の中には、わざわざ仕事を休んで来校する方もいます。来てよかったと感じてもらうために、お子さんの良いところを伝えます。全体の場で、個人に向けて伝えることで、子どもの長所を共有することができます。

③趣意説明の大切さを伝えます。「部屋をきれいにするために、掃除をしなさい」「～のために」を抜かさないことです。

④言葉だけでは、クラスの様子をわかりやすく伝えることは難しいです。日頃から、クラスの様子を写真や動画に撮り、プロジェクターで写すとよいでしょう。写真や動画は、男女が一緒に写っているものや、面白いことをしている写真を入れることで、懇談会の雰囲気を明るくすることができます。

懇談会事前準備の流れ

① 授業の様子や休み時間の様子を写真や動画で撮影する。

② 子どもの良い所・良い行動を予めメモする。

③ 懇談会でスムーズに簡潔に伝えられるように、座席表に子どもの良い所を記入する。

④ 懇談会資料を作成する。流れと終了予定時刻を明記する。

⑤ 前日までに、出席表の準備、配布物印刷する。

懇談会用資料

2学期　懇談会資料

月　日(　)14:30 ～ 15:10

1.　挨拶

2.　PTAより

3.　担任より

(1)これからの主な行事予定
　月　日(　)　○○○○
12月　日(　)　終業式

(2)クラスの様子
　写真や動画でお伝えします。

(3)その他

6 対象となる会議を確認！　校内委員会と特別支援部会の目的を明確に！（実物資料：会議提案文章例）

発達障害児をサポートしていく上で、各部会での役割分担をすることが大切です。それぞれの部会で方針を確定し、共有することでスムーズに児童支援にあたることができます。

《資料のポイント》

①「校内委員会」……校内委員会は、担任・保護者の気付きのシステムと支援のシステムをつなぐ重要な役割です。できるだけ早い段階で気付くことが良い支援につながります。普段から「子どもの困っている状況からの気付き」「指導上の困難からの気付き」をもとに観察するとよいです。

②「特別支援部会」……「子どもの長期方針と短期方針を決定する場」です。困ったことを出し合う場ではなく、その子に対して、どのように具体的に対応していけばいいのか。それがどのような「エビデンス」、証拠や根拠に基づいて行われているかを決定する場です。

《引用・参考文献》
「0からの特別支援教育入門講座」小嶋悠紀（TOSS　RUSCELLO）
「校内支援体制ケースブック」秋田県総合教育センター

校内委員会・特別支援部会の目的

校内委員会

【目的】
担任の気付きや問題発見を支援の充実につなげる場

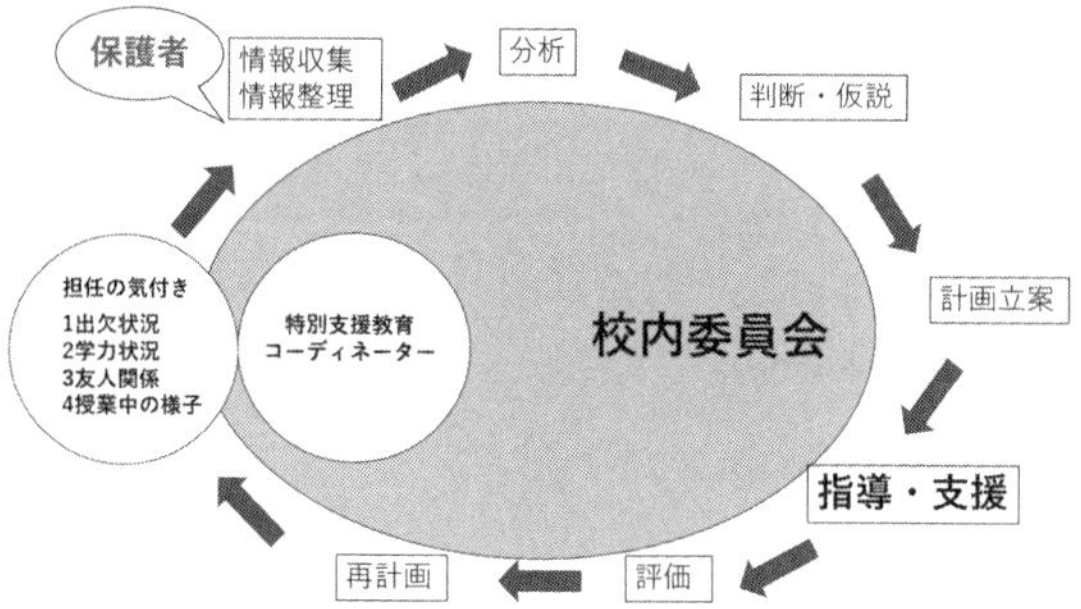

【行うこと】
① 支援の気付きの促進　②実態把握と支援方法の具体化　③保護者相談の窓口、理解の促進

特別支援部会

【目的】
子どもの長期的方針と短期的方針を決定する場
【行うこと】
<長期方針>
数カ月～1年かけて長期的に目指すべき方針　身に付けるべき、自立のための力を示す。
<短期方針>
短期間で目指すべき対応の方針　行動特性・様式への対応方針を具体的に示す。

7 「頑張っているよ！　お母さん！」保護者の自尊感情を高める個人面談のポイント！（資料：個人面談の流れのフローチャート）

個人面談で保護者の自尊感情を高め、信頼を得る方法として、

①保護者を支えて、支えて、支える
②保護者の肩の荷を降ろす
③保護者とともに共感、共観、共汗

とあります。

①は、保護者の中には、精神的に辛い方もいます。そういう保護者には、「今は、逃げる時期です。逃げるときが必要な人生だってある」と保護者の気持ちを肯定してあげることも必要です。

②は、「肩の荷を降ろしましょう。自分で全部抱えてきましたね。お母さんが背負っているモノを半分学校で背負いますね」と言って、保護者の気持ちの余裕をつくってあげます。

③は、保護者の言葉に「共感」し、ともに子どもを見ている「共観」。ともに汗をかいていって、子どもの支援を展開する「共汗」。以上の観点に沿って話すことで、保護者の自尊感情を高めることができます。

《引用・参考文献》
「0からの特別支援教育入門講座　下巻」小嶋悠紀（TOSS　RUSCELLO）

保護者の自尊感情を高める個人面談のポイント！

個人面談で意識しておきたい点

① 保護者を支えて、支えて、支える

② 保護者の肩の荷を降ろす

③ 保護者とともに共感、共観、共汗

Good　表現

「どうしたら~できた？」

↓

未来を共に見つめる言葉

↓

個人面談で使いたい表現７

①「一緒に考えていきましょう」

②「困っているのは○○君なのです」

③「苦手なことは○○。得意なことは○○」

④「個性」

⑤「一番良い方針を決めていきましょう」

⑥「大人が選択肢をたくさんもつ」

⑦「学校と家庭で支えていきましょう」

Bad　表現

「何で(どうして)~したの？」

↓

過去を責める言葉

↓

絶対に言ってはいけない言葉８

①異常

②おかしい

③困っている

④理解できない

⑤普通は~

⑥私から見ると~

⑦発達障がい

⑧どうしましょう

8 1学期の成果をフィードバック。新学期支援計画の作成と運用の実際（実物資料：支援計画表の雛形）

支援計画シートに児童の気になること（課題）を書く際は、細分化して記入してもらいます。

例えば、

> 学習（各教科を分ける）
> 例　国語……「ごんぎつね」の学習で登場人物の気持ちを書くときに取り組むことができない。
> 生活（友だち、トラブルの事例）
> 例　休み時間、校庭で、ドッヂボールで当たったことで怒り、○○君を殴る。

ことを具体的な事例を挙げて書くことが大切です。

支援シートを書いて、終わりではなく、実際に「いつ・どこで・誰が・どのように」支援するのかも具体的に書きます。

例えば、学習に課題がある児童には、

> 週一回、個別指導でコーディネーターが学習支援をする

といったような感じで書いてもらいます。

支援シートを学習版カルテとして活用し、児童に関わる大人がどのような役割を担うのか明確に共有できる形にします。

支援シート

通し No.　　記入者：　　記入日：　　年　月　日

所属学級	性別	氏名	特記事項
連携機関			

	良いところ(学習面・生活面)	気になるところ(学習面・生活面)
学校	(学習面) (生活面)	(学習面) (生活面)
家庭・他		

以前の支援と結果	
学校	
家　庭	
他	

支援方針と今後の方針		学習面	生活面
	長期目標		
	短期目標		
	支援方針		

	誰が	期限/期間	支援方法(いつ、どこで、誰に支援してもらうか) 例：週一回、個別指導でコーディネーターに 学習支援をしてもらう。
学校		通年	
家庭		通年	
地域・連携機関等			

継続	経過観察	終結（　年　月　日）

上記のことについて確認しました。

保護者氏名

9 有効な引継ぎシート

年度内に前担任から出されている学級の配慮児童に対して「学習面、生活面、効果のあった指導法・対応策・保護者対応」などを記載するとスムーズな引継ぎとなるでしょう。この引継ぎシートには、指導要録や個別指導計画に書けない具体的な情報も記載してください。記載するのは、担任だけでなく、それが6年間積み重なることで、有益な情報になることでしょう。また、引継ぎシートを具体的に書くことによって、前担任との引継ぎの時間がなくなります。また、保護者にも担任になる度に同じことを伝える必要がなくなります。保護者からの配慮事項や、前年度のことについて問い合わせがあっても、このシートを基に話せば、前担任より引き継いでいることを伝えることができ、保護者からの信頼へとつながります。

《資料のポイント》
①昨年度から積み重なるように記述してください。
②学習面、生活面、効果のあった指導・対応策、保護者対応・家庭環境などを具体的に記入します。
③紙媒体とデータ媒体の二つで保管をしておくと効果的です。

《参考文献》
「ＴＯＳＳ特別支援教育№５」久野歩論文（東京教育技術研究所）

令和　　年度　校内支援引継ぎシート（見本）

新　６年　○組　　（　児童名　　　　　　）

１、　学習面（得意な教科　苦手な教科など）

学習の習得状況を記載してください。
１）レディネステストや学力テストを具体的数値で記入
～テストで３６点　漢字テストでは１０点など具体的に書くこと
２）学習障害傾向のある子は具体的に書いてください
国語の「漢字」の習得に困難さがある。５０問テストでは、平均１０点であり、書字に関するLDが疑われている。診断は受けてはいない。

２、生活面（特徴的な行動・生活上の課題など）

多動性や衝動性、こだわりや不注意などの行動を記載してください。
※思い込みではなく、事実のみ記載すること
５年次では、授業中（５時間目以降）に離席をしてしまうことがあった。友だちとのトラブルが多く、静かに聞く場面でずっとしゃべってしまう姿が多々見られた。

３、効果のあった指導・対応策（具体的な指導法や対応法を記載）

前担任が行っていた効果的な支援や指導法を参考に記載してください。
黒板の前面掲示があると、その文字を読んでしまうことがあった。前面掲示を無くすと、授業中にしゃべってしまうことが少なくなった。
フラッシュカードなどの活動から授業をはじめると、集中して取り組むことができた。

４、保護者対応・家庭環境について

特別に支援を要する子の保護者も支援を要する場合があります。具体的に記載をしていくことで、混乱なく引継ぎができるでしょう。

子どもに対してやや過保護。原因が子どもにあっても、認めたくない節があるので事実だけ伝えていくことと、連絡の際には子どもを褒めるエピソードを入れるとよい。

５、その他

クラス替えの際の人間関係や保護者同士の人間関係などを書くとよいでしょう。

２組のA男くんとは３年生からトラブルが続いている。また、A男くんの保護者の方もやや心配性の節があるため、クラスは一緒にしないほうがよい。

令和　　年度　校内支援引継ぎシート（見本）

新　　年　　組　　（　　　　　　　　）

1、　学習面（得意な教科　苦手な教科など）

2、生活面（特徴的な行動・生活上の課題など）

3、効果のあった指導・対応策（具体的な指導法や対応法を記載）

4、保護者対応・家庭環境について

5、その他

～特別支援コラム～　No. 2

要配慮児童の引き継ぎが、担任によってバラバラということもある。その結果、担任が変わるたびに、会議で報告される児童が異なる状況におかれる事態が生まれている。学校が一致団結して進むためにも、学校システムとしての１つの軸が必要になってくる。以下、試案である。

○○小学校の支援委員会　要配慮児童　基準案

（１）「不注意」又は「多動性－衝動性」の問題を著しく示す（※離席及び教室からの飛び出し）
（２）「対人関係やこだわり等」の問題を著しく示す（※コミュニケーションスキル不足）

上記２点をもとに具体的な子どもの現状を考えると次のような具体場面が考えられる。

＜行動面（「不注意」「多動性－衝動性」）＞

・学業において、綿密に注意することができない、または不注意な間違いをする。
・手足をそわそわと動かし、またはいすの上でもじもじする。
・課題または遊びの活動で注意を集中し続けることが難しい。
・教室や、その他、座っていることを要求される状況で席を離れる。
・直接話しかけられたときに聞いてないように見える。
・不適切な状況で、余計に走り回ったり高い所へ上ったりする。
・「じっとしていない」、またはまるで「エンジンで動かされているように」行動する。
・他人を妨害したり、邪魔をする。

＜行動面（「対人関係やこだわり等」）＞

・含みのある言葉や嫌みを言われても分からず、言葉通りに受けとめてしまうことがある
・会話の仕方が形式的であり、抑揚なく話したり、間合いが取れなかったりすることがある
・言葉を組み合わせて、自分だけにしか分からないような造語を作る
・いろいろな事を話すが、その時の場面や相手の感情や立場を理解しない
・ある行動や考えに強くこだわることによって、簡単な日常の活動ができなくなることがある
・自分なりの独特な日課や手順があり、変更や変化を嫌がる

【参考資料】
「通常の学級に在籍する発達障害の可能性のある特別な教育的支援を必要とする児童生徒に関する調査」

Ⅳ章

コーディネーターの仕事って
―担任と共有する丸わかり通信

1 文書を確認して年間を見通す特別支援コーディネーターの毎月の仕事スケジュールの立て方（実物資料：年間の仕事スケジュール）

初めて特別支援コーディネーターになる。何を準備すればいいのか、どんな仕事があるのか、手探りでは大変です。しかし、就任するときには前任者がいないことが多い。では、どのように年間を見通していけばよいのでしょうか。

特別支援コーディネーターのスケジュールを立てるまでの流れをまとめました。

【就任前】

①情報を収集する（前コーディネーターから）。

《校内の文書》

個別の支援・指導計画、ケース会議資料、校内通級関係資料、校内就学関係資料、取り出し学習資料、使用教科書一覧、右記に関わる教員向け・保護者向けの文書など

《校外への文書》

校外通級関係資料、校外就学関係資料、教育委員会調査関係資料、医療機関関係資料、幼・保・中連携関係資料など

②分担、作成時期の確認をする。

それぞれの校内文書・校外文書の作成担当者・責任者は誰なのかを確認する。また、いつ作成したのかを確認する。

③文書とデータをまとめる。

校内共有サーバーや個人持ちのデータ等をまとめておく。

④文書やデータに「自分が気づいたことや疑問に思った点」を書き込む。実際に取り組み始めたときにすぐに確認や改善ができるように準備しておく。

【就任後】

⑤一年間の必要な文書を確認し、文書を基に年間計画を立てる。文書の提出時期・必要な資料の確認、配布文書の配布日・文書に関わる締め切り日設定、役割分担を行う。

⑥コーディネートの対象となる児童の確認をする。個別の指導計画が作成されているか、ケース会議実施の有無の確認をする。引継ぎ内容があれば確認する。

⑦コーディネーターとして対象となる組織の確認をする。校内委員会（特別支援部会）等、特別支援に関わる組織の実施時期・方法・担当者を確認する。

以上の7項目を行うことによって、見通しをもって仕事をすることができます。仕事の対応が多岐にわたるため、見通しをもって取り組まないと、児童対応含め、後からどんどんと湧き出てくるような仕事に冷静に対応できなくなります。

《参考資料》
「小野隆行カレッジ第1回講義「6時限目」」スライド（TOSS　ONLINE　動画ライブラリー）

2 保護者との電話チェックシート

いろいろな場面で保護者とは電話で連絡することがあります。

電話というのは自分の時間だけでなく、相手の時間を使うことでもあります。

仕事や家事をしなければならない保護者にとって電話が負担になっていることが多いです。

特にケンカの報告や怪我の報告は必須なことですが、その報告を聞いていても気持ちのよいものではありません。

だからこそ、少しでも保護者の負担が軽くなるように教員の丁寧な電話対応が大切です。

また、丁寧な電話対応をすることで信頼関係を築くことにもつながり、結果的に教師と子どもとの信頼関係づくりにもつながります。

《資料のポイント》
①空いている項目の部分には、自分が必要だと思う項目を入れましょう。
②電話する前に一度項目を確認しておきましょう。

《参考文献》
「改訂版：コールセンターのクレーム対応の基本」礒村博之（Kindle ストア）
「電話応対の基本」春風　誠（Kindle ストア）

保護者との電話チェックシート

	確認項目	チェック
事前準備	1. 伝える内容をまとめる	
	2. 最近の児童のがんばっている様子をまとめる	
	3. メモ用紙を準備しておく	
	4.	
電話中　前半	5. 電話のはじめに今都合が良いか確認する	
	6. 明るい声を意識する（笑顔の見える声）	
	7. 滑舌を意識する	
	8. バックトラッキング（オウム返し）を意識する	
	9.	
電話中　後半	10. 最近がんばっている様子を伝える	
	11. 普段の協力の感謝を伝える	
	12. また何かあったら、電話をいただけるように伝える	
	13. ゆっくり電話を切る （受話器をおくのではなく、手でフックをおさえる）	
	14.	

メモ欄

3 外部とつながるフローチャート

一 民生委員の仕事って？

「民生委員」は、民生委員法に基づいて厚生労働大臣から委嘱された非常勤の地方公務員です。すべての民生委員は児童福祉法によって「児童委員」も兼ねており、妊娠中の心配ごとや子育ての不安に関する様々な相談や支援を行っています。（政府広報オンラインより引用）

町の子ども育成課や子育て支援課など組織の名称は様々ですが、家庭を支援する行政機関のシステムは存在します。

しかし、民生委員の仕事内容には限界があり教育と福祉の境界線が明確にならず、家庭の機能が低下した児童に対して十分にサポートできていないケースでは、児童の送り迎えや家庭への働きかけなど教師が時間を割いて取り組んでいることも少なくないのです。

また、民生委員を活用して家庭の状況を学校側が手に入れ、今後の対策を児童相談所や育成課と考える一助になっています。

現場の教師は、福祉という垣根を超えて家庭へアプローチしていくとともに教育と両立しながら実務を遂行していかなければならないのが現状です。

二　医療連携までの道筋

目の前の児童の困り感を考えると、教育に医療のサポートがどうしても必要であると考えるときもあります。

そのようなときには、担任はケースを一人で抱え込まずに、コーディネーターを含め、ことばの教室の教師や養護学校の地域連携教員に実際に授業参観してもらうことが先決です。特に、低学年の時期には学校で定められている基準に従い配慮児童へのケアを行っていきましょう。

また、発達障害者への地域における支援については、発達障害者支援法を踏まえ、各ライフステージに対応した一貫した支援を行うことが重要です。都道府県や市町村では、地域の状況に応じて、医療・保健・福祉・教育・労働などの各分野における支援関係機関のネットワークを構築し、個別に支援計画の作成・活用などにより、支援体制の充実化を図っている地区もあります。

医療につなげる前に、ＳＣ（心理カウンセラー）・ＳＳＷ（スクール・ソーシャルワーカー）の見立てもあると保護者や医療期間への情報共有としてスムーズな連携がとりやすいです。

早期発見・早期対応を第一とし職員の意識の向上を図り研修を実施する学校も多いのです。

これらの問題の多くは、家族問題や学校問題などを抱えており、家庭や学校の情報や介入なくして解決することは難しくなっています。

コーディネーターは、医療機関へ提示する学校側や保護者からの情報提供だけではなく医療側からの適格なフィードバックまでの連携（つながり）を構築するためのハブにならなければなりません。

特別支援・外部組織とつなげるフローチャート
～教育と福祉との連携を現場目線で考える～

事案発生

事案検討会（参加者：担任・コーディネーター・管理職）

※事例：時・場所・経緯説明及びこれまでの取り組みを担任から説明

課題把握・分類

知的	情緒	ネグレクト	いじめ	不登校

保護者との合意形成（保護者面談）実施の検討

課題に応じた関係機関の選択

【第1次関係機関】と主な対応事項

通級指導（語彙形成・ソーシャルスキル）
発達支援センター（発達検査及びアセスメント）
医療（薬の投与・発達検査）
親の会・NPO（講師招聘・学習会・教職員への講座）

【第2次関係機関】と主な対応事項

特別支援学校（地域相談委員（授業参観・アセスメント・教職員への講座）
児童相談所（詳細の確認・一時保護の実施の可否）
地域生活支援センター（発達検査・保護者相談・余暇支援活動）

【第3次関係機関】と主な対応事項

心理カウンセラー（教育相談・子と親）
作業療法士（学習状況の確認及び教師へのアドバイス）
スクールソーシャルワーカー（関係機関への紹介及び情報提供・教師へのアドバイス）
教育委員会・行政：子ども育成課（保護者への情報提供・注意喚起・教育相談）

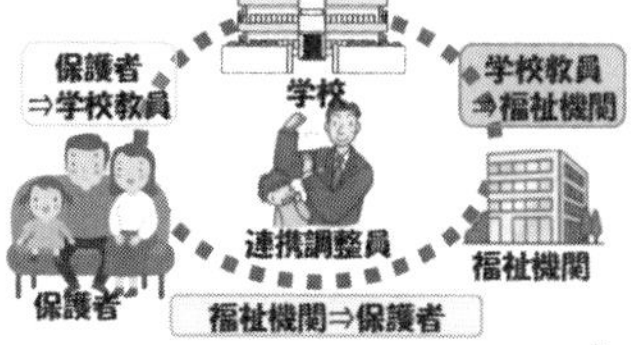

※第1次から第3次までの各関係機関の連携は、児童のケースによっては、前後しながら迅速に対応していくことになる。また、関係機関は、お互いに情報を継続的にフィードバックし課題改善に務める必要がある。

文部科学省：HP引用
（発達障害の可能性のある児童生徒に対する支援事業）

V章

特別支援の基礎基本知識
―すべての人に渡したい知的財産リスト

1 学級懇談会で渡すだけでわかる特別支援がわかる資料

保護者の中には、少なからずわが子に対して、「こういうときにどうやって接したらいいの?」と悩んでいることがあります。ここでは、次の事例をもとに考えてみます。

①落ち着きがなく、集中できない子
②暴言や暴力を振るうことが多い子

①の「落ち着きがなく、集中できない子」は、「ある情報を『今は、必要のない情報である』と判断し、意識しないようにする」ということが脳内で起こっている場合があります。

②の「暴言や暴力を振るうことが多い子」は、「言動は、その子の脳がさせていること」と考える必要があります。その上で、暴言・暴力が起こったときの対応、未然防止のために、セロトニン5を保護者に示すことで、保護者も「来てよかった」と思える学級懇談会にします。

《引用・参考文献》
「教育トークライン」2016年12月号　福田恵美子論文（東京教育技術研究所）
「TOSS特別支援教育No.3」梶田俊彦論文（東京教育技術研究所）

月　日　年　組　学級懇談会資料

「わが子のこういう時は○○対応を！」一目でわかる子育て資料

①落ち着きがなく、注意を集中しにくい

【こういう対応を！】

注意を集中できるようになるワンポイントアドバイス

① 環境調整で

家庭で宿題をさせるとき、視覚的に注意がそれてしまわないように、机のまわりはすっきりさせて、テレビを消すなど集中しやすい環境を作ってあげましょう。

② 子どもの動きの面から

保護者の方の「お手伝い」として、配膳の準備をしたり、食器の片づけをしたりするなどして、適度に動くことで落ち着きやすくなります。

③ 覚醒水準を適切に保つ

座って学習するときには、座面にエアクッションを置き、座位で身体を動かすことで集中力がアップします。

②暴言や暴力を振るうことが多い

【こういう対応を！】

暴言や暴力を減らすワンポイントアドバイス

① 暴言・暴力は不安傾向からくる自己防衛

ふざけた行動に真正面から対峙すると、その子は大人に上に立たれたと思います。そして反抗することが多くなります。暴言は無視し、暴力は止めます。しかし、行動に対して許していないことを示すために、視線で制するなどの対応は必要です。

② セトロニン対応

子どもを癒す５つのスキルを使うことで、「セロトニン」という神経伝達物質が分泌され、子どもは落ち着きます。

みつめる　ほほえむ　はなしかける　ふれる　ほめる

子どもが落ち着いているとき、穏やかなときに５つの対応をし続けることが大切です。

83

2 悪化を防ぐ！　不登校児への予防から初期対応

不登校は決して、一律ではありません。そもそも不登校は、単に子どもが学校に行かないという状態を示す言葉にすぎず、その中には様々な病態が含まれています。

過去に不登校の子を担任したとしても、経験に基づく対応は子どもも保護者も傷つけてしまうことがあるので注意が必要です。

不登校に対応するためには、

子どもの状態を多角的に検討し、それに応じて対応を変えていく

ことが必要です。

例えば、勉強ができないのなら、教材を工夫するなどして、学習環境を整えることができます。発熱等で休んだり、早退したりするのは、心因性の発熱の可能性があります。この場合、ストレスがなくなると熱が下がります。不登校傾向の原因を取り除くように努力することが大切です。

《引用・参考文献》
「教育トークライン」2019年4月号　小柳憲司論文（東京教育技術研究所）
「教育トークライン」2017年11月号　安原昭博論文（東京教育技術研究所）

不登校児への予防から初期対応

児童名
(　　　　　　　　　　　　　　　　)

予防的対応&実態把握	記入欄
知的能力はどのくらいですか。 例：単元テスト平均 20 点以下。	
自閉傾向はありますか。 例：人とのコミュニケーションに課題がある。	
多動・不注意傾向はありますか。 例：立ち歩きがある。	
過敏で不安傾向は強いですか。 例：月に 3 日以上欠席がある。	
仲の良い友だちは誰ですか。	
担任の先生との関係は良いですか。	
保護者はどんなことで困っていますか。	

初期対応	記入欄
学習のどんな場面で前向きな部分を褒めていますか。	
その子にとってプレッシャーのかかる言葉は何ですか。	
どのようなことで子どもは不安を感じていますか。	
子どもの好きなこと・得意なことは何ですか。	
保護者はどんなことに辛さを感じていますか。	
その子にストレスがかからない場所はどこですか。	

3 自閉症スペクトラムの基本的な対応

自閉症スペクトラム、またはその傾向のある子どもには、こだわりを理解し、不安を取り除くような対応を授業の中に取り入れていくとよいです。対応を学ぶための校内研修ワークシートを次のページに載せます。このページでは答えの解説をしていくので、ぜひ校内の特別支援研修に生かしてください。

①の解説

「こだわりが強い子」への対応で悩まれる教師は多いです。「こだわり」をなくそうと力技で指導をしたり、「こだわり」と戦うことにより疲弊してしまうケースが見られます。受け入れた上で、折り合いをつけていく必要があります。

②の解説

「見つめる」「ほほえむ」「はなしかける」「ふれる」「ほめる」（セロトニン5）脳を癒すことができるという上記の五つの対応を心がけます。荒れたときではなく、予防として、普段から五つの対応をし続けることが大切です。

③の解説

数字で示したり、することを明示したりすることで、子どもたちが安心し、見通しをもって活動することができます。

《引用・参考文献》「ＴＯＳＳ特別支援教育№３」（東京教育技術研究所）

校内特別支援研修

～自閉症スペクトラムの基本的な対応編～

自閉症スペクトラムの基本的な対応（脳内物質）

自閉症スペクトラム、またはその傾向がある子は、「想像力の障害」と「社会性の障害」があります。それによって「一つのことにこだわる」「言葉通りに理解できない」「相手の気持ちが読めない」といったことが起こります。彼らにどのように対応すればよいのでしょうか。

問題

自閉症スペクトラムの診断を受けている５年生の男の子がいます。急ぐような場面で、のんびりとしてしまうことがあります。授業中、発問・指示をした後、しばらくしても全く動けなくなることがあります。やる気がないわけではありません。どのように対応すればよいでしょうか。
以下の問いに答えます。四角の中に言葉を書きましょう。

① 指示通り理解できない・動けない子供とは、こだわりで「戦わない」ということがポイントです。

こだわりを［　　　　］、［　　　　］を示してあげる。

② 脳を癒やす５つの対応を意識することで、「セロトニン」という神経伝達物質が分泌され、子供の不安感は落ち着きます。（セロトニン５）

どのような対応でしょうか？

［みつめる］　［ほほ□□］　［は□□□□□］

［　　　　］（３文字）　［　　　　］（３文字）

③ 曖昧さのない、子供に伝わる指示やルールのポイントを考えましょう。

指示やルールに具体的な［　　　　］を入れることで、子供が［　　　　］をもって行動することができる。

解答

《参考文献》TOSS 特別支援教育No. 3

解答

校内特別支援研修

～自閉症スペクトラムの基本的な対応編～

自閉症スペクトラムの基本的な対応（脳内物質）

自閉症スペクトラム、またはその傾向がある子は、「想像力の障害」と「社会性の障害」があります。それによって「一つのことにこだわる」「言葉通りに理解できない」「相手の気持ちが読めない」といったことが起こります。彼らにどのように対応すればよいのでしょうか。

問題

自閉症スペクトラムの診断を受けている５年生の男の子がいます。急ぐような場面で、のんびりとしてしまうことがあります。授業中、発問・指示をした後、しばらくしても全く動けなくなることがあります。やる気がないわけではありません。どのように対応すればよいでしょうか。
以下の問いに答えます。四角の中に言葉を書きましょう。

① 指示通り理解できない・動けない子供とは、こだわりで「戦わない」ということがポイントです。

こだわりを［受け入れる］、［代わりの行動］を示してあげる。

② 脳を癒やす５つの対応を意識することで、「セロトニン」という神経伝達物質が分泌され、子供の不安感は落ち着きます。（セロトニン５）

どのような対応でしょうか？

［みつめる］　［ほほえむ］　［はなしかける］
［ふれる］（３文字）　［ほめる］（３文字）

③ 曖昧さのない、子供に伝わる指示やルールのポイントを考えましょう。

指示やルールに具体的な［数字］を入れることで、子供が［見通し］をもって行動することができる。

《参考文献》TOSS 特別支援教育No.３

4 障害のある児童への配慮　十の項目

学習指導要領の各教科編の解説では、「第4章　指導計画の作成と内容の取り扱い　1指導計画作成上の配慮事項　障害のある児童への指導」という項目があり、以下十の障害に留意した指導内容や指導方法の工夫の具体例が示されました。①見えにくさ　②聞こえにくさ　③道具の操作の困難さ　④移動上の制約　⑤健康面や安全面での制約　⑥発音のしにくさ　⑦心理的な不安定　⑧人間関係形成の困難さ　⑨読み書きや計算等の困難さ　⑩注意の集中を持続することが苦手であること「各障害における指導の工夫や手立て」を考え共有するワークシートを次のページに作成しました。ご活用ください。

ワークシートを使った研修の流れ（例）

①自分の学級の児童をイメージし、項目ごとに児童名（イニシャル）を入れる。
②実際に行っている手立てや工夫を書き加える。
③児童名が入らなかった項目は、こんな手立てや工夫が考えられるということを書く。
④記入した手立てや工夫を共有化する。
⑤学習指導要領の解説編の具体例を見て、良いと思ったものは書き足す。
⑥実践し、特別支援研修や職員会議の児童対応共有の時間等を使って、振り返る。

《参考文献》「ＴＯＳＳ特別支援教育№７」（東京教育技術研究所）

特別支援研修「児童の困難さに応じた指導内容や指導方法を考えよう」 見本

新学習指導要領の各教科編の解説には、「第４章　指導計画の作成と内容の取扱い　１指導計画作成上の配慮事項　障害のある児童への指導」という項目があり、以下１０の障害に対する指導内容や工夫の具体例が示されています。

当てはまる学級の児童名（イニシャル）と実際に行っている「困難さに対する指導の工夫や手立て」を具体的に書いて、共有化しましょう。

プラスαポイント　学習指導要領解説編を見て、実践できそうなことは書き加えましょう。

① 見えにくさ K.S 1 iPad で板書を印刷する。 2 板書ノートを作成しコピーして渡す。 3 音読用にリーディングルーペを渡す。	⑥ 発音のしにくさ F.K　T.S 1　音読は範読から。様々なバリエーションで音読する。 2　紙やホワイトボード、パワーポイントを使って発表する機会を設ける。
② 聞こえにくさ F.K　A.T 1　座席を前方に。利き耳に配慮する。 2　視覚情報を増やす。（板書、映像等）	⑦ 心理的な不安定 R.K　Y.S　T.S　K.T　M.K　Y.K 1　日記指導や一筆箋で個別に褒める。 2　どんな意見や考えも受容する雰囲気を作る。 3　勝った時、負けた時の表現の仕方を確認する。
③ 道具の操作の困難さ 1　図工　スモールステップで一つずつ手順を確認して指導を進める。	⑧ 人間関係形成の困難さ M.K　M.F　S.M 1　隣同士で協力する機会を増やす。 2　隣同士や近所で相談する機会を設ける。
④ 移動上の制約 H.H 1　移動が少なくて済む時間割を組む。 2　行事の際の座席位置配慮	⑨ 読み書きや計算等の困難さ K.S　A.T　F.K 1　見本の提示　2　電卓の使用　3　個別指導 4　算数　抽象的な言葉を易しい言葉に置き換える。 5　算数　具体物の動作化、視覚化を図る。
⑤ 健康面や安全面での制約 1　体育　動きを細分化した指導を行う。 2　適切な補助をする。	⑩ 注意の集中を持続することが苦手であること R.K　S.K　M.K　M.N　S.M 1　授業の導入で注意を引きつける。（フラッシュカード、五色百人一首の使用等） 2　授業をシステム化する。（見通しをもたせる） 3　意図的に立ち歩く機会を確保する。

※ 実践し、振り返って改善していくことがポイントです。定期的に見直しましょう。

特別支援研修「児童の困難さに応じた指導内容や指導方法を考えよう」

新学習指導要領の各教科編の解説には、「第４章　指導計画の作成と内容の取扱い　１指導計画作成上の配慮事項　障害のある児童への指導」という項目があり、以下１０の障害に対する指導内容や工夫の具体例が示されています。

当てはまる学級の児童名（イニシャル）と実際に行っている「困難さに対する指導の工夫や手立て」を具体的に書いて、共有化しましょう。

プラスαポイント　学習指導要領解説編を見て、実践できそうなことは書き加えましょう。

① 見えにくさ	⑥ 発音のしにくさ
② 聞こえにくさ	⑦ 心理的な不安定
③ 道具の操作の困難さ	⑧ 人間関係形成の困難さ
④ 移動上の制約	⑨ 読み書きや計算等の困難さ
⑤ 健康面や安全面での制約	⑩ 注意の集中を持続することが苦手であること

※ 実践し、振り返って改善していくことがポイントです。定期的に見直しましょう。

5 来年度も子ども、保護者の自己肯定感アップ！ 2学期の個人面談のポイント！

個人面談には限られた時間の中、わざわざ仕事を休んで来校する方もいます。保護者にとって有意義な面談にしたいです。

【面談の進め方】

①保護者の方から話しておきたいことを尋ねる。（心配なことなど）
②子どもの良いところを具体的なエピソードで語る。（具体物を用意しながら）
③その子の課題を一つだけ話し、解決方法も伝える。
④「先生が褒めていた」と子どもに伝えてもらう。

①終了間際になってから「先生、実は友だちのことで…」などと話が始まると、時間を超えてしまいます。それを防ぐために、最初に保護者から話しておきたいことを尋ねるのが大切です。

②子どもの良いところを具体的に持っておかなければなりません。そのため、一人につき2～3点は用意しておきたいです。また、具体物として「各教科ノート」「振り返りシート（児童が記入）」「各行事の作文など」を用意しておきましょう。

③「振り返りシートにもう少し頑張りたいこと」を書かせ、それを見せながら学校での様子や伸ばすための方法を助言しましょう。課題点はできるだけ子どもの意識とずれがないことが大切です。

④良いところを伝えられるからこそ、この一言で保護者は笑顔になります。また、子どもの自己肯定感も満たされるでしょう。

《引用・参考文献》「教育トークライン」２０１７年11月号　小林聡太論文（東京教育技術研究所）

個人面談用資料

学期　振り返りシート

自分自身について振り返りましょう。

①２学期がんばったこと

②もう少しがんばりたいこと

③友達関係について（仲のよい友達・どんな遊びをしていますか）

④何か先生に話したいことや、なやみがあったら書いてください。

6 就学時検診の面接項目はこれ！特別支援が必要な子をここで発見！

保育園・幼稚園との児童引継ぎはあるものの、就学前の実際の子どもの様子を見る機会は、ほとんどありません。貴重な機会である、どの学校でも行われている就学時検診。この機会に特別支援が必要な子を発見しましょう。翌年度の学級編制や、療育との連携、支援員の申請など事前にできる準備や対策につながります。

《資料のポイント》

①「質問検査項目」をすべて聞く必要はありません。児童の様子を見て、質問に答えられるか、質問の内容を理解しているか、座っていられるか、話を聞いていられるか、目を見て話しているかを観察しましょう。

②「行動検査項目」をすべて行う必要はありません。4・5人のグループの中で実施することが望ましいです。指示通り動けるか、集団で行動できるか、同じように動けるかを観察しましょう。

③就学時検診に来られなかった児童や、①・②の検査が難しい場合、保育園や幼稚園にお願いし、日常の中でみていただくよう、お願いするという方法もあります。就学前の引継ぎ項目として、事前にお願いするとよいでしょう。

《参考文献》

『〝就学時検診〟から組み立てる発達障害児の指導』TOSS特別支援教育取り組み・長谷川博之編著（明治図書）

就学時検診検査シート

記入者（　　　　　　　　　　　　　　　　）

質問検査項目	結果記入欄
名前を教えてください。	
今日は誰と一緒に来ましたか。	
保育園（幼稚園）の名前を教えてください。	
仲良しのお友達はいますか。	
お友達とはどんな遊びをしていますか。	
どんな遊びが好きですか。	
兄弟（姉妹）はいますか。	
好きな動物を教えてください。	
よく見るテレビは何ですか。	

行動検査項目	結果記入欄
きらきら星ができる。	
両手の人差し指を合わせられる。	
１０メートルまっすぐ歩ける。	
折り紙をぴったり半分に折れる。	
じゃんけんができる。（ルールの理解）	
左右の手を開いたり閉じたりを交互逆にできる。	
しりとりができる。（獲得語彙数の確認）	

総合所見

7 学校案内・発表会で終わらない！ 幼保小の連携・引継ぎ

幼保小の連携の重要さが叫ばれるようになりました。実態はいかがでしょうか。情報交換や一年生や五年生との交流の予定の打ち合わせで終わっていませんか。特に保育園は幼稚園と違い、公的な研修がほとんどありません。全く別の方針の環境で育った子どもたちを小学校は受け入れています。子どもたちのためを思い、「小一プロブレム」を生まないために、幼保小の連携を有意義なものにしましょう。連携協議研修会実施のポイントを紹介します。

①保育園にも参加を呼びかける。

保育園は幼稚園とは異なり、公的な研修機会が少ないので、学ぶ場を提供します。また、厚生労働省が管轄となるため、目標も、指導内容も全く異なります。小学校に就学したスタート時点でのギャップを埋めるためにも、どんなことが必要とされるか共通理解を図ることができます。

②会の回数を増やす（三十分程度でよいので月一回程度できるとよい）。

定期的に短時間で実施することで参加しやすくなり、理解が深まります。「今回は行けなかったけど、来月は行こう」といったように参加のハードルが下がります。一回の欠席の負担感が軽くなります。

③会にはコーディネーター以外の参加も可とする。

学びを求めている教師が参加できるようになります。良い研修となれば、主任の先生が若手の先生を連れてくるということにもつながり、教育力の底上げが図れます。幼稚園・保育園と情報交換をすることで、「小一プロブレム」を生まない手立てを具体的に考えることができるようになります。

④会の前半を情報交換、後半を研修とする。

毎回、情報交換で終わるのではなく、研修という学びの場を設定することにより、参加しようという意欲を高めることにつながります。

⑤研修内容は、子どもの発達の理解、障害の知識、具体的な対応、有益な資料・書籍の紹介とする。

共通理解を図った方がよいことを中心に研修を行う。

今、課題になっていることを中心に取り扱うということが大切です。大きな課題となっている発達障害の問題、具体的な事例・対応など、現場で求められていることに寄り添って研修内容を考える必要があります。資料や書籍を紹介すれば、研修に参加できなかった方への情報共有も図ることができます。

《参考文献》

『新学習指導要領に対応した特別支援教育で学校が変わる！』小野隆行（学芸みらい社）

8 強度行動障害の目安と内容

強度行動障害とは、「直接的他害（噛みつき、頭突き、など）や間接的他害（睡眠の乱れ、同一性の保持：例えば場所・プログラム・人へのこだわり、多動、うなり、飛び出し、器物損壊など）や自傷行為などが、通常考えられない頻度と形式で出現し、その養育環境では著しく処遇の困難なものをいい、行動的に定義される群」と定義されている（厚生労働省）。

この強度行動障害は生まれたときからというわけではありません。

そもそも行動障害というのは、一つの状態像です。

だから対応によって大きな差が生じます。

つまり、コミュニケーションの苦手さなどの障害特性と環境が合っていないことで、行動障害をより強いものにしてしまいます。

そうならないためにも、環境設定が大切です。

具体的に強度行動障害というように判断されるのは次項にある強度行動障害判定基準表で十点以上が対象となります。

《参考文献》
「アスペハートvol. 45」特定営利活動法人アスペ・エルデの会
「強度行動障害リーフレット」厚生労働省

強度行動障害判定基準表（厚生労働省、１９９３）

行動障害の内容	行動障害の目安の例示
1. ひどい自傷	肉が見えたり、頭部が変形に至るような叩きをしたり、つめをはぐなど。
2. 強い他傷	噛みつき、蹴り、なぐり、髪ひき、頭突きなど、相手が怪我をしかねないような行動など。
3. 激しいこだわり	強く指示しても、どうしても服を脱ぐとか、どうしても外出を拒み通す、何百メートルも離れた場所に戻り取りに行く、などの行為で止めても止めきれないもの。
4. 激しいもの壊し	ガラス、家具、ドア、茶碗、椅子、眼鏡などをこわし、その結果危害が本人にもまわりにも大きいもの、服を何としてでも破ってしまうなど。
5. 睡眠の大きな乱れ	昼夜が逆転してしまっている、ベッドについていられず人や物に危害を加えるなど。
6. 食事関係の強い障害	テーブルごとひっくり返す、食器ごと投げるとか、椅子に座っていれず、皆と一緒に食事できない。便や釘・石などを食べ体に異常をきたしたことのある拒食、特定のものしか食べず体に異常をきたした偏食など。
7. 排泄関係の強い障害	便を手でこねたり、便を投げたり、便を壁面になすりつける。脅迫的に排尿排便行動を繰り返すなど。
8. 著しい多動	身体・生命の危険につながる飛び出しをする。目を離すと一時も座れず走り回る。ベランダの上など高く危険なところに上る。
9. 著しい騒がしさ	たえられないような大声を出す。一度泣き始めると大泣きが何時間も続く。
10. パニックのもたらす結果が大変な処遇困難	一度パニックが出ると、体力的にもとてもおさめられずつきあっていかれない状態を呈する。
11. 粗暴で相手に恐怖感を与える処遇困難	日常生活のちょっとしたことを注意しても、爆発的な行動を呈し、かかわっている側が恐怖感を感じさせられるような状況がある。

強度行動障害判定基準表（厚生労働省、１９９３）

行動障害の内容	１点	３点	５点
1. ひどい自傷	週に 1, 2 回	一日に 1, 2 回	一日中
2. 強い他傷	月に 1, 2 回	週に 1, 2 回	一日に何度も
3. 激しいこだわり	週に 1, 2 回	一日に 1, 2 回	一日に何度も
4. 激しいもの壊し	月に 1, 2 回	週に 1, 2 回	ほぼ毎日
5. 睡眠の大きな乱れ	月に 1, 2 回	週に 1, 2 回	ほぼ毎日
6. 食事関係の強い障害	週に 1, 2 回	ほぼ毎日	ほぼ毎食
7. 排泄関係の強い障害	月に 1, 2 回	週に 1, 2 回	ほぼ毎日
8. 著しい多動	月に 1, 2 回	週に 1, 2 回	ほぼ毎日
9. 著しい騒がしさ	ほぼ毎日	一日中	絶え間なく
10. パニックのもたらす結果が大変な処遇困難			あれば
11. 粗暴で相手に恐怖感を与える処遇困難			あれば

9 将来発達障害の離職要因は？

将来子どもたちの多くは障害があっても就職します。

障害者雇用制度（企業などが障害の方を雇用する義務づけを行った制度）により、障害の方の就職率も徐々に上がっています。

しかし、就職したのにもかかわらず、離職してしまう方も多くいます。

『上司や同僚の障害への理解不足』などの企業側の理由もありますが、本人側の理由も多くあります。

特に仕事のスキル不足などのハード面ではなく、日常生活能力やコミュニケーション力などのソフト面のスキル不足が多く理由としてあげられています。

もちろん障害の特性上、向上させることが難しいソフトスキルはあると思いますが、小さいうちだからこそ、身につけることができるスキルもあります。そのようなことをコーディネーター、教員は知っておくべきではないでしょうか。

《参考文献》
「アスペハートvol. 45」特定営利活動法人アスペ・エルデの会
『日本一元気な現場から学ぶ積極的障がい者雇用のススメ』賀村　研（good book）
「障害者雇用の現状等」平成二十九年九月二十日　厚生労働省職業安定局

<離職の理由>

（ア）**職場の雰囲気・人間関係**

（イ）賃金、労働条件に不満

（ウ）仕事内容があわない

（エ）家庭の事情

（オ）疲れやすく体力意欲が続かなかった

（カ）症状が悪化（再発）した

（キ）作業、能率面で適応できなかった

（ク）会社の配慮が不十分

（ケ）障害のため働けなくなった

（コ）通勤が困難

※『（ア）職場の雰囲気・人間関係』が上位

→コミュニケーション力の習得の大切さがわかる。

<企業が考える自社で雇用した障害者が定着している理由>

（ア）作業を遂行する能力があるから

（イ）仕事に対する意欲があるから

（ウ）現場の従業員の理解があるから

※『（ウ）現場の従業員の理解があるから』が上位

→子どもの頃から周囲の子どもに障害の特性について、対応について伝える大切さがわかる。

10 将来就職する上で必要なスキルは

就職する上で必要なスキルがあります。

それらのスキルを身につけることで、就職する上で有利になりますし、就職してからも長く職場で務めることができます。

また、普段の人との関係もよくなり、生活がより豊かになると考えられます。

しかし、発達障害の特性から、それらのスキルを身につけるのに、時間がとてもかかる場合があります。

だからこそ、小さいうちから少しずつ訓練していく必要があります。

教師は子どもと将来どのようなスキルが必要なのかを明確に知ることで、子どもへの声かけが変わり、子どもの身につきかたも変わるのではないかと考えられます。

保護者にも将来どのようなスキルが必要かを伝えることで、子どもがよりスムーズにスキルを習得し、将来のことを考えた指導は保護者への信頼にもつながるのではないでしょうか。

《参考文献》

「アスペハート vol. 45」特定営利活動法人アスペ・エルデの会
『親子で理解する発達障害 進学・就労準備の進め方』鈴木慶太（河出書房新社）
「障害者雇用の現状等」平成二十九年九月二十日　厚生労働省職業安定局

<将来就職する上で必要なスキル>

(ア) あいさつ

- 「おはようございます。」などの日常のあいさつは、絶対に必要になります。１１時まで「おはようございます。」でその後は「こんにちは」など時間で明確に分けてあげると習得しやすくなる場合があります。

(イ) 生活リズム

- 発達障害の特性上、見通しが持てず夜ゲームなどをして昼夜逆転をしてしまう大人がいます。子どものときから、朝は学校に来るという習慣をつけるために「朝学校に来たら、一緒にトランプしよう」など何をするか具体的な指示を出すことも有効な場合があります。

(ウ) あやまる・お礼

- 仕事をしている上で失敗することが多々あります。その際に謝罪したり、何かしてもらったらお礼をいうことができるのは人間関係を育む上で必須です。また、『聞くときに相手の方を向く』『相手の話が終わるまで口をはさまない』のようなスキルも大切です。

(エ) 身支度

- 特性のため、他人から見られていることを想像するのが難しい場合があります。ラフな服装が許されている職場でも、毎日同じ服で出社していたら、敬遠されてしまいます。毎日清潔な服装で行くということを、子どものうちから伝えていくことが大切です。

11 放課後等デイサービスについての知識

障害児支援は様々あります。

その一つが平成24年から行われている放課後等デイサービスです。

放課後のことなので、教員は知る必要がないという意見もあると思いますが、このような知識をもつことも保護者への信頼につながるのではないでしょうか。

また、厚生労働省の「放課後等デイサービスガイドライン」には学校との連携についても書かれています。

その点から考えても、どのような役割があるのか・どのような活動を行っているのかなど、ある程度の知識は知っておく必要があります。

万が一、保護者が「放課後等デイサービス」について、知らない場合もあります。

そのサービスを知らせることで、子どものためにも保護者のためにもなる支援であることは間違いありません。

ぜひ自分の地区にある放課後等についても調べてほしい。

《参考文献》
「アスペハート vol. 45」特定営利活動法人アスペ・エルデの会
「放課後等デイサービスガイドライン」厚生労働省ＨＰ

＜放課後等デイサービスについて＞

対象	● 心身の変化の大きい小学校の子ども ● 特別支援学校の小学部から高等部の子ども
役割	● 子どもの最善の利益の保証 学校に就学している障害児に、授業の終了後又は、休業日に生活能力向上のための必要な訓練、社会との交流の促進を供与する。 ● 共生社会の実現に向けた後方支援 子どもの地域社会への参加を進める ● 保護者支援 「子育ての悩み等に対する相談」「ペアレント・トレーニング等を活用しながら、子どもの育ちを支える力をつけられるように支援する」「保護者の時間確保保証のための、一時期的な代行」
活動	● 発達に応じた基本的日常生活動作や自立生活を支援する活動 ● 豊かな感性を培うための自然に触れる活動 ● 地域との交流を図るための他の社会福祉事業などと連携した活動
職員	● 児童発達支援管理責任者が常勤している。

12 問題が起きたときは、緊急対策委員会をつくる

発達障害のある・もしくは疑われる児童・生徒への教師の不適切な対応で学級が荒れ、学級崩壊になったり、保護者がモンスターペアレンツとなったりするケースがあります。担任の指導力のせいにして学校全体で動こうとしないことが問題としてあります。結果として保護者から担任への要望は大きくなり、他の保護者から苦情が殺到、保護者同士、地域同士でのトラブルに発展します。するど担任一人のみならず、学校だけでは解決できないレベルに達してしまいます。そこで、どうしたらよいのでしょうか？　学校では、学校長を中心として緊急対策委員会をつくりましょう。

◎緊急対策委員会をつくる

学校長から「本校では、このような事案が起こっております。しかし、学校だけでは解決が難しい状況です。つきましては、関係各所のお力添えを賜り、解決したいと思っています」といった内容を、次のページの外部機関に申し立て、地域を巻き込んで対策を立てる必要があります。

次のページのように、「緊急対策委員会」をつくり、いざという事態に対応しましょう。校内の補教体制も決めましょう。さもないと、対象となる児童は救われず、学年が変わって引き継がれていく「やっかいもの」扱いになってしまいます。

《参考文献》

『〝就学時検診〟から組み立てる発達障害児の指導』ＴＯＳＳ特別支援教育取り組み班・長谷川博之編著（明治図書）

＿＿＿＿＿さんの案件に対する緊急対策委員会（見本）

２０１９年４月２６日（金）

① 行政	◯□□市教育委員会
② 専門機関	◯療育センター　◯児童相談所　◯弁護士　◯保健所
③ 地域・保護者	◯学校評議委員　◯民生委員　◯スクールカウンセラー
④ 管理職	◯校長　◯副校長（教頭）
⑤ 担当者	◯教務主任　◯生活指導主任　◯特別支援コーディネーター ◯養護教諭　◯学年主任　◯学級担任 ※ただし、学年主任と学級担任は、学年・学級の児童対応に専念してもらい、会に出席しないことがある。
⑥ 補教体制	月曜日　１時間目　２時間目　３時間目　４時間目　５時間目　６時間目 □□　□□　△△　△△　☆☆　☆☆ 休み時間　給食　掃除 □□　△△　☆☆ 火曜日　１時間目　２時間目　３時間目　４時間目　５時間目　６時間目 ☆☆　☆☆　◇◇　◇◇　■■　■■ 休み時間　給食　掃除 ☆☆　◇◇　■■ 水曜日　１時間目　２時間目　３時間目　４時間目　５時間目　６時間目 ◎◎　◎◎　△△　△△　□□　□□ 休み時間　給食　掃除 ◎◎　△△　□□ 木曜日　１時間目　２時間目　３時間目　４時間目　５時間目　６時間目 ◇◇　◇◇　■■　■■　☆☆　☆☆ 休み時間　給食　掃除 ◇◇　■■ 金曜日　１時間目　２時間目　３時間目　４時間目　５時間目　６時間目 △△　△△　◎◎　◎◎　□□　□□ 休み時間　給食　掃除 △△　◎◎

※記号が入っているところは教師の名前を入れます。空き時間の担任や、級外の教師、管理職などです。

《参考文献》
『"就学時検診"から組み立てる発達障害児の指導』TOSS 特別支援教育取り組み班・長谷川博之編著（明治図書）

＿＿＿＿＿＿＿＿さんの案件に対する緊急対策委員会

年　　月　　日（　）

① 行政	○　　教育委員会
② 専門機関	○療育センター　○児童相談所　○弁護士　○保健所
③ 地域・保護者	○学校評議委員　○民生委員　○スクールカウンセラー
④ 管理職	○校長　○副校長（教頭）
⑤ 担当者	○教務主任　○生活指導主任　○特別支援コーディネーター ○養護教諭　○学年主任　○学級担任 ※ただし、学年主任と学級担任は、学年・学級の児童対応に専念してもらい、会に出席しないことがある。
⑥ 補教体制	月曜日　１時間目　２時間目　３時間目　４時間目　５時間目　６時間目 休み時間　給食　掃除 火曜日　１時間目　２時間目　３時間目　４時間目　５時間目　６時間目 休み時間　給食　掃除 水曜日　１時間目　２時間目　３時間目　４時間目　５時間目　６時間目 休み時間　給食　掃除 木曜日　１時間目　２時間目　３時間目　４時間目　５時間目　６時間目 休み時間　給食　掃除 金曜日　１時間目　２時間目　３時間目　４時間目　５時間目　６時間目 休み時間　給食　掃除

《参考文献》
『“就学時検診”から組み立てる発達障害児の指導』TOSS 特別支援教育取り組み班・長谷川博之編著（明治図書）

あとがき

苦しい時期があった。授業の準備などを夜遅くまで行っても、授業が思ったように進まない。仕事も終わらない。そんな時に橋本先生のサークルの門をたたいた。また、幸せなことに同じ学校にも勤務させていただき、多くのことを学ばせていただいた。自分の世界が変わった。

橋本学級はとても元気が良いことが多い。力がない教員が持ったら、一気に飲みこまれるだろう。その元気のよいクラスの中で、橋本先生の対応は普通とは違う。とてもやんちゃな対応をする。

例えば、元気な児童が忘れものしたとき、なぜか橋本先生は突然刑事のような口ぶりで子どもに質問をしていく。言われている子どもも、周りも笑顔。次の日、児童は忘れた物を持ってきていた。

このような子ども対応は、橋本先生と出会うまでは考えもつかなかった。子どもの予想の上を行く対応、叱ることなく子どもを変える指導は、特別支援の知識に裏打ちされている。知識があるから、同僚から児童対応について相談されることが多く、多くのケース会議にも参加している。

また、職場やサークルで一緒に仕事をさせていただくと先を見通す大切さを痛切に感じる。橋本先生は授業、校務、サークル活動どれも常に先の先まで見通し、行動している。例えば、職員会議の回数を減らす提案は、長期的に見て、どのシステムを変えることで環境がよくなるのか、先を見通しているからこその提案だ。橋本先生と出会うまで、そのような先の先まで考えられなかった。考える概念がなかった。

橋本先生のように、特別支援の知識、先を見通す力をすぐに手にいれるのは難しい。

ただし、本書を読むことで、橋本信介の知識、仕事に近づけるのは間違いない。

関口浩司

◎著者紹介

橋本信介（はしもと・しんすけ）

1978年生まれ。長崎県佐世保市出身。
TOSS中央事務局　TOSS若大将代表
大阪教育大学　教育学部卒業。神奈川県の葉山町長柄小学校、
三浦市三崎小学校、葉山小学校にて15年勤務を経て現職。
特別支援コーディネーターを経て、教務など経験し現在に至る。

関口浩司（せきぐち・こうじ）

1984年生まれ。神奈川県横浜市出身。
TOSS若大将
神奈川大学　工学部卒業
玉川大学　通信教育過程にて小学校免許取得
神奈川県の葉山町一色小学校、
葉山町立葉山小学校にて12年勤務を経て現職。

すぐ使える 特別支援サポート実物資料
12ヶ月丸ごとナビ
～コーディネーターと担任がつくる子どもの未来～

GAKUGEI MIRAISHA

2020年4月15日　初版発行

著　者　橋本信介　関口浩司
発行者　小島直人
発行所　株式会社学芸みらい社
〒162-0833　東京都新宿区箪笥町31箪笥町SKビル
電話番号 03-5227-1266
http://www.gakugeimirai.jp/
E-mail : info@gakugeimirai.jp
印刷所・製本所　藤原印刷株式会社
企　画　樋口雅子
校　正　菅　洋子
装丁デザイン・DTP組版　小沼孝至

落丁・乱丁本は弊社宛お送りください。送料弊社負担でお取り替えいたします。

ISBN978-4-909783-27-1 C3037